本書係「敦煌文獻系統性保護整理出版工程」項目成果

二〇二一—二〇三五年國家古籍工作規劃重點出版項目

「十四五」國家重點出版物出版規劃項目

國家古籍整理出版專項經費資助項目

中國國家圖書館藏
敦煌文獻

中國國家圖書館 編

第七三册

BD01077～BD01091

國家圖書館出版社

DUNHUANG MANUSCRIPTS IN THE NATIONAL LIBRARY OF CHINA

073

BD01077 ~ BD01091

compiled by the

National Library of China

National Library of China Publishing House

顧問：方廣錩　郝春文　榮新江　李際寧

編纂出版：張志清　魏　崇　陳紅彦　殷夢霞　薩仁高娃
謝冬榮　劉　波　林世田　廖生訓

編纂：林世田　薩仁高娃　常蓋心　于　瑞　劉毅超
烏心怡　劉　波　劉炳梅　周升川　劉　婷
程佳羽　沈艷麗　高　雅

編輯：潘　竹　程魯潔　黄　鑫　苗文葉

審稿：孫　彦　耿素麗　宋志英　鄧咏秋

凡例

一 本書刊布中國國家圖書館藏敦煌文獻，以館藏編號爲序編排。

二 館藏編號采用「BD+流水號」格式，如 BD00001, BD16579 等。背面在編號後加 v 表示。一個編號包含多件文獻者，編號後分别綴以字母 A, B, C 等。一件文獻含有多個内容者，以數字 -1, -2, -3 等標明順序。

三 圖版有縮印或放大處另加説明，尺寸超出本書幅面的以摺葉形式呈現。

四 卷軸裝、梵夾裝、經摺裝等裝幀形制的敦煌文獻，各附外觀圖像。

五 每件文獻依次呈現外觀、正面、背面等。背面僅刊布有文字、圖像或其他要素的圖版，而略去素紙部分，背面圖版同樣以從右到左順序編排。凡有外題者，遵從以上原則。

六 除個别特殊情况外，爲保證閲讀連貫、流暢，圖版儘量通欄呈現。

七 各葉上方附該件文獻全圖，以高亮形式顯示本葉大圖在全卷中的位置。部分長卷文獻全圖衹能分多段呈現時，在上段末以符標示下段接續。卷尾内容不足一葉時，文獻全圖使用該圖卷尾部分，亦以符標示。背面圖版文字與正面文字方向相反時，文獻全圖按原貌顯示，正文翻轉呈現，以便閲讀研究，用符標示。

八 文獻題名大體沿用中國國家圖書館此前所編多部敦煌文獻目録的考證，部分吸收學界最新研究成果略作調整和完善。文獻題名綜合參考原卷首題、尾題、外題確定，如原卷題名與該文獻正式名稱不同，則采用正式名稱；無題名者，或比定題名，或擬定新名。非漢文文獻在題名前標注語種。有分卷不同等其他情况者，括注於文獻名稱後。

九 本書著録使用通行繁體字，涉及原文中的人名、地名等，必要時保留原字形。

About this publication

1. The documents are presented in shelfmark order.
2. The shelfmarks are in the form BD plus a running number, eg. BD00001, BD16579, &c. If a given shelfmark contains multiple documents, these are distinguished by the letters A, B, C, &c. If a document has multiple contents, they are distinguished by the numbering 1, 2, 3, &c. The verso side of an item is indicated by the letter v.
3. If it has been necessary to reduce or enlarge the size of an illustration, the dimensions are indicated. If the size of an illustration exceeds the size of the book, a folding sheet is used.
4. If the document is a scroll, a folded sutra, or has a stitched binding, a picture of the whole object is provided to show its external appearance.
5. The cover, front, and back of each document are reproduced in sequence. The back of a document is only reproduced if it contains text, illustrations, or other markings, and it is oriented from right to left. If it is blank it is not reproduced.
6. Except in a few special cases, the lines of text are reproduced unbroken to make them coherent and easier to read.
7. An illustration of the complete document is reproduced at the top of each page, and the section where the main illustration appears is highlighted in order to indicate its position. If it has only been possible to reproduce a long scroll in sections, the direction symbol ❮ has been used to indicate where one illustration ends and the next one begins. If the end of the scroll occupies less than one page, the direction symbol ❮ is used to indicate its position in the illustration of the complete document. If the text on the back of the document has a different orientation from the text on the front, it is reproduced as it is, but is also rotated (indicated with the rotation symbol ⦿) so that it can be read easily.
8. The titles of the documents generally conform with those already established by the Library, but in some cases have been amended by drawing on the most recent scholarly research. The titles are derived firstly from the beginning of the text, then from the end of the text, and lastly from the cover. If the title of a document differs from its authoritative form, the authoritative form is used; and if a document has no title, one is either supplied by comparison with similar documents, or a new one is devised. If the document is not in Chinese, its language is indicated before the title. If the number of juan is different from that of the authoritative version, or if there are other irregularities, this is noted.
9. The documents in the book are in traditional Chinese characters. Where the title contains personal or place names, the original characters used for these names are retained.

(Translated by David Helliwell)

第七三册目録

BD01077 妙法蓮華經卷七

（後秦）鳩摩羅什 譯

454.5cm×25.5cm

喜若十　　此法師者則為侵毀是
尒時毗沙門天王護世者白佛言世尊
我亦為愍念衆生擁護此法師故說是陁羅
尼說呪曰
梨一那梨二㝹那梨三阿那盧四那履五拘
那履六
世尊以是神呪擁護法師我亦自當擁護持
是經者令百由旬内无諸衰患尒時持國天
王在此會中與千万億那由他乾闥婆衆恭
敬圍繞前詣佛所合掌白佛言世尊我亦以
陁羅尼神呪擁護持法華經者即說呪曰
阿伽祢一伽祢二瞿利三乾陁利四旃陁利五
……六……七……八……九

有侵毀此法師者則為侵毀是諸佛已尒時
有羅剎女等一名藍婆二名毗藍婆三名曲
齒四名華齒五名黑齒六名多髮七名无猒
足八名持瓔珞九名睪帝十名奪一切衆生
精氣是十羅剎女與鬼子母并其子及眷屬
俱詣佛所同聲白佛言世尊我等亦欲擁護
讀誦受持法華經者除其衰患若有伺求法
師短者令不得便即於佛前而說呪曰
伊提履一 伊提泯二 伊提履三 阿提履四 伊提
履五 泥履六 泥履七 泥履八 泥履九 泥履十
樓醯十一 樓醯十二 樓醯十三 樓醯十四 多醯十五 多
醯十六 多醯十七 兜醯十八 㝹醯十九
寧上我頭上莫惱於法師若夜叉若羅剎若
餓鬼若富

醯　多醯　兜醯　㝹醯

寧上我頭上莫惱於法師若夜叉若羅刹若
餓鬼若富單那若吉蔗若毗陀羅若揵馱若
烏摩勒伽若阿跋摩羅若夜叉吉蔗若人吉
蔗若熱病若一日若二日若三日若四日若至
七日若常熱病若男形若女形若童男形
若童女形乃至夢中亦復莫惱即於佛前而
說偈言

若不順我呪　惱亂說法者　頭破作七分　如阿梨樹枝
如殺父母罪　亦如壓油殃　斗秤欺誑人　調達破僧罪
犯此法師者　當獲如是殃

諸羅刹女說此偈已白佛言世尊我等亦當
身自擁護受持讀誦脩行是經者令得安隱
離諸衰患消衆毒藥佛告諸羅刹女善哉善
哉汝等但能擁護受持法華名者福不可量

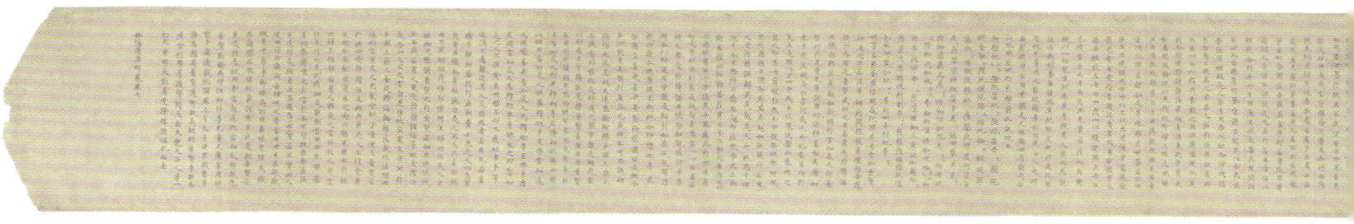

香塗香燒香幡蓋伎樂然種種燈蘇燈油燈
諸香油燈蘇摩那華油燈瞻蔔華油燈婆師
迦華油燈優鉢羅華油燈如是等百千種供
養者睪帝汝等及眷屬應當擁護如是法師
說是陁羅尼品時六万八千人得无生法忍

妙法蓮華經妙莊嚴王本事品第廿七

介時佛告諸大衆乃往古世過无量无邊不
可思議阿僧祇劫有佛名雲雷音宿王華智
多陁阿伽度阿羅訶三藐三佛陁國名光明
莊嚴劫名憙見彼佛法中有王名妙莊嚴其
王夫人名曰淨德有二子一名淨藏二名淨眼
是二子有大神力福德智慧久脩菩薩所

BD01077　妙法蓮華經卷七

是二子有大神力福德智慧久脩菩薩所
行之道所謂檀波羅蜜尸羅波羅蜜羼提波
羅蜜毗梨耶波羅蜜禪波羅蜜般若波羅蜜
方便波羅蜜慈悲喜捨乃至三十七助道法
皆悉明了通達又得菩薩淨三昧日星宿三
昧淨光三昧淨色三昧淨照明三昧長莊嚴
三昧大威德藏三昧於此三昧亦悉通達尒
時彼佛欲引導妙莊嚴王及愍念衆生故
說是法華經時淨藏淨眼二子到其母所合
十指爪掌白言願母往詣雲雷音宿王華智
佛所我等亦當侍從親近供養禮拜所以者
何此佛於一切天人衆中說法華經宜應聽
受母告子言汝父信受外道深著婆羅門法
汝等應往白父與共俱去淨藏淨眼合十指

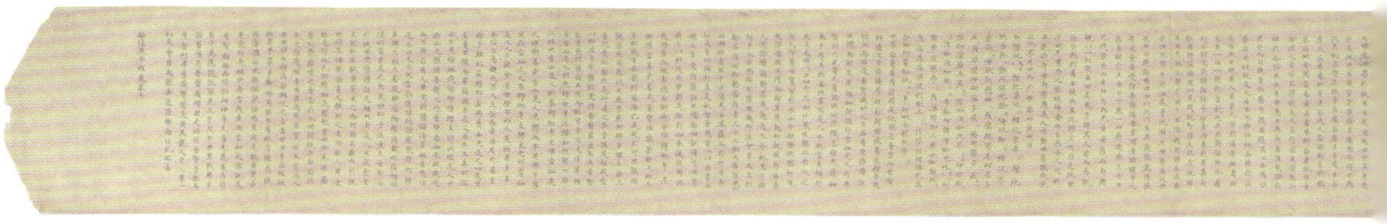

告子言汝等當憂念汝父爲現神變若得見
者心必清淨或聽我等往至佛所於是二子
念其父故踊在虛空高七多羅樹現種種神
變於虛空中行住坐卧身上出水身下出火
身下出水身上出火或現大身滿虛空中而
復現小小復現大於空中滅忽然在地入地
如水履水如地現如是等種種神變令其父
王心淨信解時父見子神力如是心大歡喜
得未曾有合掌向子言汝等師爲是誰誰之
弟子二子白言大王彼雲雷音宿王華智佛
今在七寶菩提樹下法座上坐於一切世間
天人衆中廣說法華經是我等師我是弟子
父語子言我今亦欲見汝等師可共俱往於
是二子從空中下到其母所合掌白母父王

父語子言我今亦欲見汝等師可共俱往於
是二子從空中下到其母所合掌白母父王
今已信解堪任發阿耨多羅三藐三菩提心
我等爲父已作佛事願母見聽於彼佛所出
家脩道尒時二子欲重宣其意以偈白母
願母放我等　出家作沙門　諸佛甚難值　我等隨佛學
如優曇波羅　值佛復難是　脫諸難亦難　願聽我出家
母即告言聽汝出家所以者何佛難值故於
是二子白父母言善哉父母願時往詣雲雷
音宿王華智佛所親近供養所以者何佛難
得值如優曇波羅華又如一眼之龜值浮木
孔而我等宿福深厚生值佛法是故父母當
聽我等令得出家所以者何諸佛難值時亦
難遇彼時妙莊嚴王後宮八万四千人皆悉

[illegible]菩薩於法華三昧
久已通達淨藏菩薩已於无量百千万億劫
通達離諸惡趣三昧欲令一切衆生離諸惡
趣故其王夫人得諸佛習三昧能知諸佛秘
密之藏二子如是以方便力善化其父令心
信解好樂佛法於是妙莊嚴王與羣臣眷屬
俱淨德夫人與後宮采女眷屬俱其王二子
與四万二千人俱一時共詣佛所到已頭面礼
足繞佛三帀却住一面尒時彼佛為王說
法示教利喜王大歡悅尒時妙莊嚴王及其
夫人解頸真珠瓔珞價直百千以散佛上於
虛空中化成四柱寶臺臺中有大寶牀敷百
千万天衣其上有佛結跏趺坐放大光明尒
時妙莊嚴王作是念佛身希有端嚴殊特成

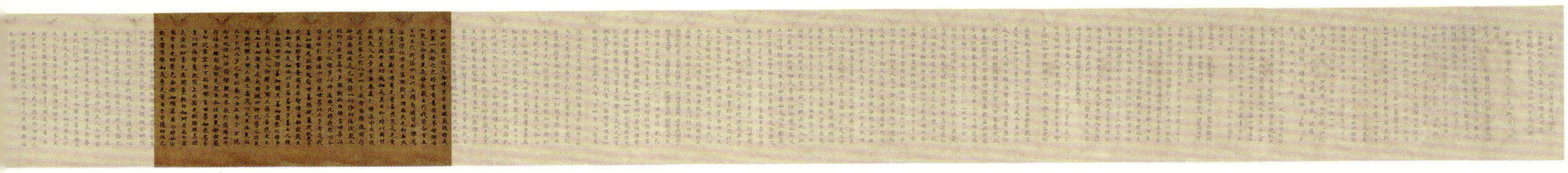

時妙莊嚴王作是念佛身希有端嚴殊特成
就第一微妙之色時雲雷音宿王華智佛告
四衆言汝等見是妙莊嚴王於我前合掌立
不此王於我法中作比丘精懃脩習助佛道
法當得作佛号娑羅樹王國名大光劫名大
高王其娑羅樹王佛有无量菩薩衆及无量
聲聞其國平正功德如是其王即時以國付
弟與夫人二子并諸眷屬於佛法中出家脩
道王出家已於八万四千歲常懃精進脩行
妙法華經過是已後得一切淨功德莊嚴三
昧即昇虛空高七多羅樹而白佛言世尊此
我二子已作佛事以神通變化轉我邪心令
得安住於佛法中得見世尊此二子者是我

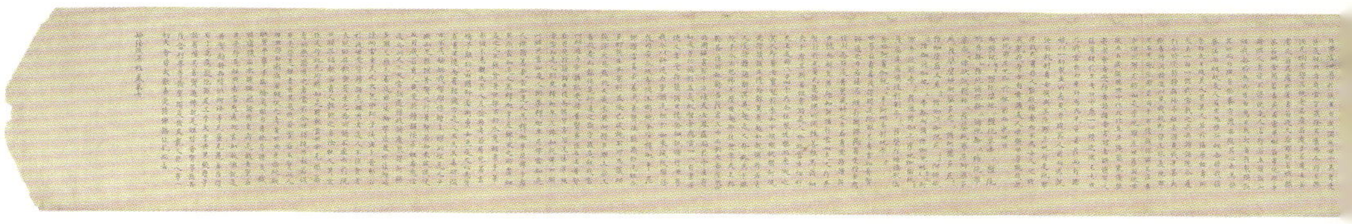

言如是如是如汝所言若善男子善女人種
善根故世世得善知識其善知識能作佛事
示教利喜令入阿耨多羅三藐三菩提大王
當知善知識者是大因緣所謂化導令得見
佛發阿耨多羅三藐三菩提心大王汝見此
二子不此二子已曾供養六十五百千万億
那由他恒河沙諸佛親近恭敬扵諸佛所受
持法華經愍念邪見衆生令住正見妙莊嚴
王即從虛空中下而白佛言世尊如來甚希
有以功德智慧故頂上肉髻光明顯照其眼
長廣而紺青色眉間豪相白如珂月齒白齊
密常有光明脣色赤好如頻婆菓尒時妙莊
嚴王讚嘆佛如是等无量百千万億功德已

BD01077　妙法蓮華經卷七

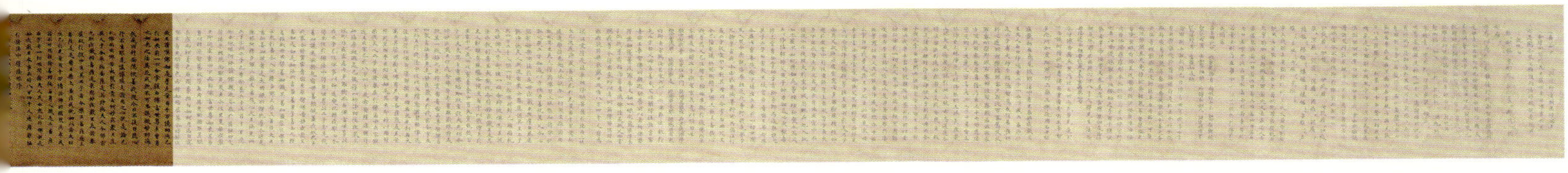

嚴王讚嘆佛如是等无量百千万億功德已
於如来前一心合掌復白佛言世尊未曾有
也如来之法具足成就不可思議微妙功德
教戒所行安隱快善我從今日不復自隨心
行不生耶見憍慢瞋恚諸惡之心說是語已
礼佛而出佛告大衆於意云何妙莊嚴王豈
異人乎今華德菩薩是其淨德夫人今佛前
光照莊嚴相菩薩是哀愍妙莊嚴王及諸眷
屬故於彼中生其二子者今藥王菩薩藥上
菩薩是是藥王藥上菩薩成就如此諸大功
德已於无量百千万億諸佛所殖衆德本成
諸不可思議諸善功德若有人識是二菩薩
名字者一切世間諸天人民亦應礼拜佛說是

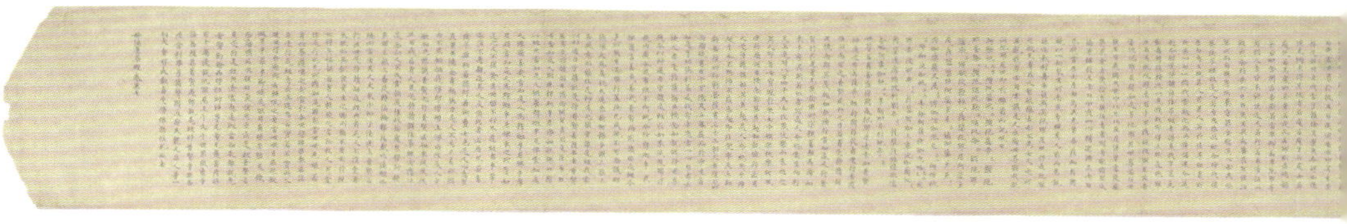

妙法蓮華經普賢菩薩勸發品第廿八
尒時普賢菩薩以自在神通威德名聞與大
菩薩无量无邊不可稱數從東方來所經諸
國普皆震動雨寶蓮華作无量百千万億種
種伎樂又與无數諸天龍夜叉乹闥婆阿脩羅
迦樓羅緊那羅摩睺羅伽人非人等大衆
圍繞各現威德神通之力到娑婆世界耆闍崛
山中頭面礼釋迦牟尼佛右繞七帀白佛
言世尊我於寶威德上王佛國遥聞此娑婆
世界說法華經與无量无邊百千万億諸菩
薩衆共來聽受唯願世尊當為說之若善男
子善女人於如來滅後云何能得是法華
經佛告普賢菩薩若善男子善女人成就四

BD01077　妙法蓮華經卷七

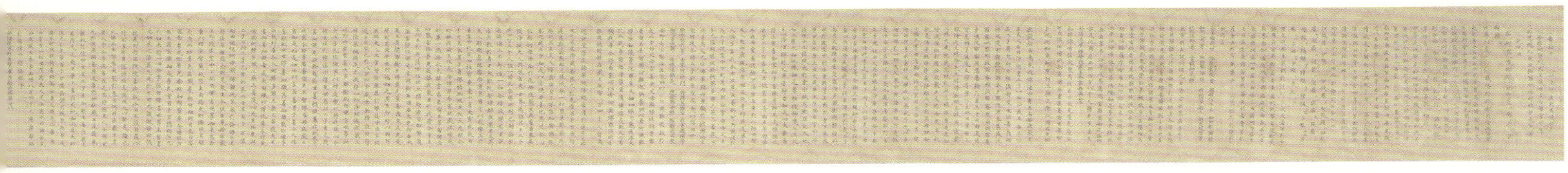

經佛告普賢菩薩若善男子善女人成就四
法於如來滅後當得是法華經一者為諸佛
護念二者殖衆德本三者入正定聚四者發
救一切衆生之心善男子善女人如是成就
四法於如來滅後必得是經尒時普賢菩薩
白佛言世尊於後五百歲濁惡世中其有受
持是經典者我當守護除其衰患令得安隱
使无伺求得其便者若魔若魔子若魔女若
魔民若為魔所著者若夜叉若羅剎若鳩槃
荼若毗舍闍若吉蔗若富單那若韋陁羅等
諸惱人者皆不得便是人若行若立讀誦此
經我尒時乘六牙白象王與大菩薩衆俱詣
其所而自現身供養守護安慰其心亦為供
養法華經是人若坐思惟此經尒時我復

忘失一句一偈我當教之與共讀誦還令通
利尒時受持讀誦法華經者得見我身甚大
歡喜轉復精進以見我故即得三昧及陁羅
尼名為施陁羅尼百千万億旋陁羅尼法音
方便陁羅尼得如是等陁羅尼世尊若後世
後五百歲濁惡世中比丘比丘尼優婆塞優婆
夷求索者受持者讀誦者書寫者欲脩習是
法華經於三七日中應一心精進滿三七日
已我當乘六牙白象與无量菩薩而自圍
繞以一切眾生所憙見身現其人前而為說
法示教利喜亦復與其陁羅尼呪得是陁羅
尼故无有非人能破壞者亦不為女人之所
惑亂我身亦自常護是人唯願世尊聽我說

惑亂我身亦自常護是人唯願世尊聽我說
此陁羅尼呪即於佛前而說呪曰
阿檀地途賣反 檀陁婆地二 檀陁婆帝三 檀陁
鳩舍隸四 檀陁脩陁隸五 脩陁隸六 脩陁羅
婆底七 佛馱波羶祢八 薩婆陁羅尼阿婆多
尼九 薩婆婆沙阿婆多尼十 脩阿婆多尼十一
僧伽婆履叉尼十二 僧伽涅伽陁尼十三 阿僧祇
十四 僧伽波伽地十五 帝隸阿惰僧伽兜略盧遮反 阿
羅帝波羅帝十六 薩婆僧伽三摩地伽蘭地十七
薩婆達磨脩波利剎帝十八 薩婆薩埵樓馱憍
舍略阿㝹伽地十九 辛阿毗吉利地帝二十
世尊若有菩薩得聞是陁羅尼者當知普賢
神通之力若法華經行閻浮提有受持者應
作此念皆是普賢威神之力若有受持讀誦

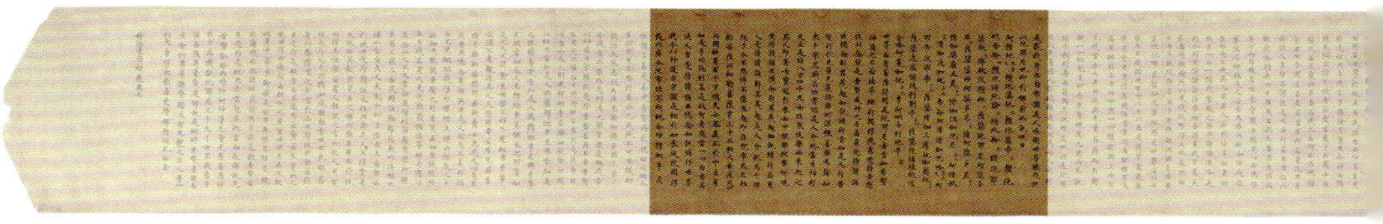

賢行於无量无邊諸佛所深種善根為諸如
来手摩其頭若但書寫是人命終當生忉利
天上是時八万四千天女作衆伎樂而来迎之
其人即著七寶冠於綵女中娛樂快樂何況
受持讀誦正憶念解其義趣如說脩行若有
人受持讀誦解其義趣是人命終為千佛
授手令不恐怖不墮惡趣即往兜率天上弥
勒菩薩所弥勒菩薩有三十二相大菩薩衆所
共圍繞有百千万億天女眷屬而於中生有
如是等功德利益是故智者應當一心自書若
使人書受持讀誦正憶念如說脩行世尊
我今以神通力守護是經於如来滅後閻浮
提内廣令流布使不斷絶尒時釋迦牟尼

提内廣令流布使不斷絶尒時釋迦牟尼
佛讚言善哉善哉普賢汝能護助是經令
多所衆生安樂利益汝已成就不可思議功
德深大慈悲從久遠來發阿耨多羅三藐三
菩提意而能作是神通之願守護是經我當
以神通力守護能受持普賢菩薩名者普賢
若有受持讀誦正憶念脩習書寫是法華經
者當知是人則見釋迦牟尼佛如從佛口聞
此經典當知是人供養釋迦牟尼佛當知是
人佛讚善哉當知是人為釋迦牟尼佛手摩
其頭當知是人為釋迦牟尼佛衣之所覆如
是之人不復貪著世樂不好外道經書手筆
亦復不憙親近其人及諸惡者若屠兒若畜
豬羊雞狗若獵師若衒賣女色

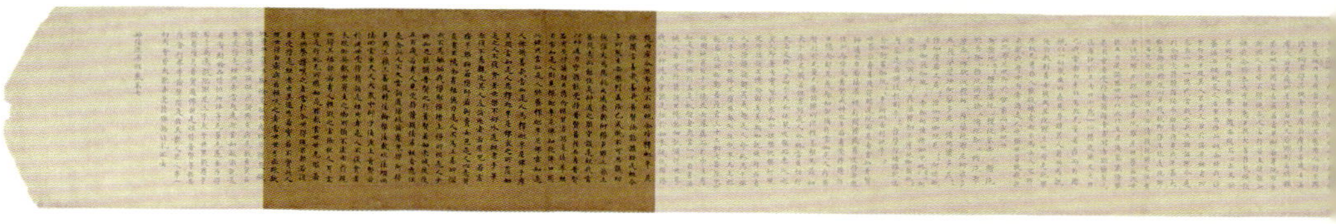

亦不為嫉妬我慢耶慢增上慢所惱是人少
欲知足能脩普賢之行普賢若如來滅後後
五百歲若有人見受持讀誦法華經者應作
是念此人不久當詣道場破諸魔衆得阿耨
多羅三藐三菩提轉法輪擊法鼓吹法螺雨
法雨當坐天人大衆中師子法座上普賢若
於後世受持讀誦是經典者是人不復貪著
衣服卧具飲食資生之物所願不虛亦於現
世得其福報若有人輕毀之言汝狂人耳空
作是行終无所獲如是罪報當世世无眼若
有供養讚嘆之者當於今世得現果報若復
見受持是經者出其過惡若實若不實此人
現世得白癩病若輕咲之者當世世牙齒踈缺

BD01077　妙法蓮華經卷七

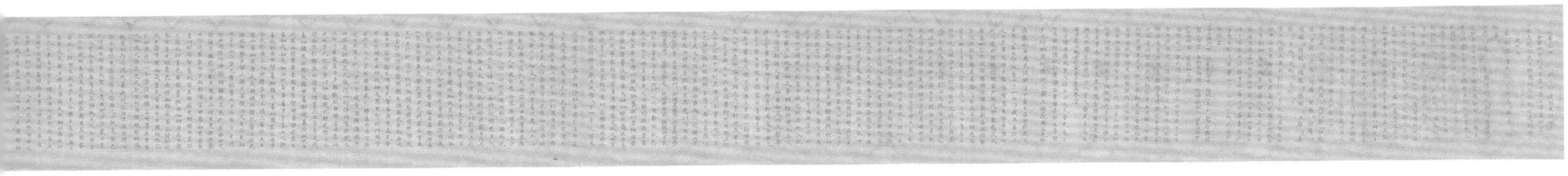

現世得白癩病若輕咲之者當世世牙齒踈缺
醜脣平鼻手脚繚戾眼目角睞身體臭穢
惡瘡膿血水腹短氣諸惡重病是故普賢若
見受持是經典者當起遠迎當如敬佛說是
普賢勸發品時恒河沙等无量无邊菩薩得
百千萬億旋陀羅尼三千大千世界微塵等
諸菩薩具普賢道佛說是經時普賢等諸菩
薩舍利弗等諸聲聞及諸天龍人非人等一
切大會皆大歡喜受持佛語作礼而去

妙法蓮華經卷第七

BD01077　妙法蓮華經卷七

BD01078

金剛般若波羅蜜經

（後秦）鳩摩羅什 譯

544.6cm×26.5cm

諸菩薩善付屬諸菩薩
耨多羅三藐三
何伏其心佛言善哉善
來善護念諸菩薩善
為汝說善男子善
菩提心應如是住
樂欲聞
菩提諸菩薩摩訶薩應如是降伏其
心所有一切眾生之類若卵生若胎生若濕生
若化生若有色若无色若有想若无想若
非有想若非无想我皆令入无餘涅槃而滅
度之如是滅度无量无數无邊眾生實无眾
生得滅度者何以故須菩提若菩薩有我相

復次須菩提菩薩於法應无所住行於布施
所謂不住色布施不住聲香味觸法布施須
菩提菩薩應如是布施不住於相何以故若
菩薩不住相布施其福德不可思量須菩提
於意云何東方虛空可思量不不也世尊須
菩提南西北方四維上下虛空可思量不不
也世尊須菩提菩薩无住相布施福德亦復
如是不可思量須菩提菩薩但應如所教住
須菩提於意云何可以身相見如來不不也
世尊不可以身相得見如來何以故如來所
說身相即非身相佛告須菩提凡所有相皆
是虛妄若見諸相非相則見如來
須菩提白佛言世尊頗有衆生得聞如是言

BD01078　金剛般若波羅蜜經

須菩提白佛言世尊頗有衆生得聞如是言
說章句生實信不佛告須菩提莫作是說如
來滅後後五百歲有持戒脩福者於此章句
能生信心以此為實當知是人不於一佛二
佛三四五佛而種善根已於无量千万佛所
種諸善根聞是章句乃至一念生淨信者須
菩提如來悉知悉見是諸衆生得如是无量
福德何以故是諸衆生无復我相人相衆生
相壽者相无法相亦无非法相何以故是諸
衆生若心取相則為著我人衆生壽者若取
法相即著我人衆生壽者何以故若取非法
相即著我人衆生壽者是故不應取法不應
取非法以是義故如來常說汝等比丘知我說
法如筏喻者法尚應捨何況非法

須菩提於意云何如來得阿耨多羅三藐三菩
菩提耶如來有所說法耶須菩提言如我解
佛所說義无有定法名阿耨多羅三藐三菩
提亦无有定法如來可說何以故如來所說
法皆不可取不可說非法非非法所以者何
一切賢聖皆以无為法而有差別
須菩提於意云何若人滿三千大千世界七
寶以用布施是人所得福德寧為多不須菩
提言甚多世尊何以故是福德即非福德性
是故如來說福德多若復有人於此經中受
持乃至四句偈等為他人說其福勝彼何以
故須菩提一切諸佛及諸佛阿耨多羅三藐
三菩提法皆從此經出須菩提所謂佛法者
即非佛法

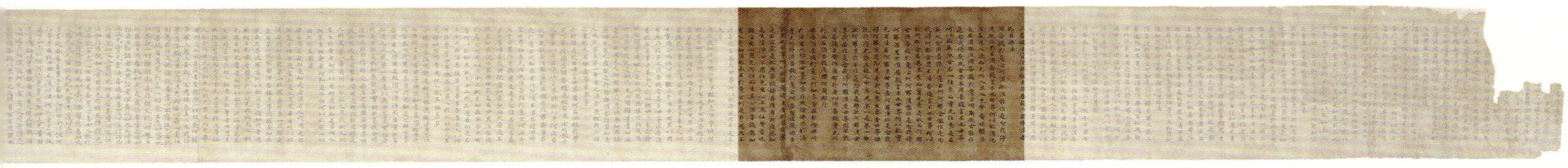

三菩提法皆從此經出須菩提所謂佛法者
即非佛法
須菩提於意云何須陁洹能作是念我得
須陁洹果不須菩提言不也世尊何以故須陁
洹名為入流而无所入不入色聲香味觸法
是名須陁洹須菩提於意云何斯陁含能作
是念我得斯陁含果不須菩提言不也世尊
何以故斯陁含名一往来而實无往来是名
斯陁含須菩提於意云何阿那含能作是念
我得阿那含果不須菩提言不也世尊何以
故阿那含名為不来而實无来是故名阿那
含須菩提於意云何阿羅漢能作是念我得
阿羅漢道不須菩提言不也世尊何以故實
无有法名阿羅漢世尊若阿羅漢作是念我

得阿羅漢道即為著我人衆生壽者世尊佛
說我得无諍三昧人中最為第一是第一離
欲阿羅漢我不作是念我是離欲阿羅漢世
尊我若作是念我得阿羅漢道世尊則不說
須菩提是樂阿蘭那行者以須菩提實无所
行而名須菩提是樂阿蘭那行
佛告須菩提於意云何如來昔在然燈佛所
於法有所得不世尊如來在然燈佛所於法
實无所得須菩提於意云何菩薩莊嚴佛土
不不也世尊何以故莊嚴佛土者則非莊嚴
是名莊嚴是故須菩提諸菩薩摩訶薩應如
是生清淨心不應住色生心不應住聲香味
觸法生心應无所住而生其心須菩提譬如
有人身如須彌山王於意云何是身為大不

BD01078　金剛般若波羅蜜經

觸法生心應无所住而生其心須菩提譬如
有人身如須弥山王於意云何是身為大不
須菩提言甚大世尊何以故佛說非身是名
大身
須菩提如恒河中所有沙數如是沙等恒河
於意云何是諸恒河沙等寧為多不須菩提言
甚多世尊但諸恒河尚多无數何况其沙須
菩提我今實言告汝若有善男子善女人以
七寶滿尓所恒河沙數三千大千世界以用
布施得福多不須菩提言甚多世尊佛告須
菩提若善男子善女人於此經中乃至受持
四句偈等為他人說而此福德勝前福德復
次須菩提隨說是經乃至四句偈等當知此
一切世間天人阿修羅皆應供養如佛塔

廟何況有人盡能受持讀誦須菩提當知是
人成就最上弟一希有之法若是經典所在
之處則為有佛若尊重弟子
尒時須菩提白佛言世尊當何名此經我等
云何奉持佛告須菩提是經名為金剛般若
波羅蜜以是名字汝當奉持所以者何須菩
提佛說般若波羅蜜則非般若波羅蜜須菩
提於意云何如來有所說法不須菩提白佛
言世尊如來无所說須菩提於意云何三千
大千世界所有微塵是為多不須菩提言甚
多世尊須菩提諸微塵如來說非微塵是名
微塵如來說世界非世界是名世界須菩提
於意云何可以三十二相見如來不不也世

於意云何可以三十二相見如来不不也世
尊何以故如来說三十二相即是非相是名
三十二相須菩提若有善男子善女人以恒
河沙等身命布施若復有人於此經中乃至
受持四句偈等為他人說其福甚多
尒時須菩提聞說是經深解義趣涕淚悲泣
而白佛言希有世尊佛說如是甚深經典我
從昔来所得慧眼未曾得聞如是之經世尊
若復有人得聞是經信心清淨則生實相當
知是人成就第一希有功德世尊是實相者
則是非相是故如来說名實相世尊我今得
聞如是經典信解受持不足為難若當来世
後五百歲其有衆生得聞是經信解受持是
人則為第一希有何以故此人無我相人相

衆生相壽者相所以者何我相即是非相人
相衆生相壽者相即是非相何以故離一切
諸相則名諸佛
佛告須菩提如是如是若復有人得聞是經
不驚不怖不畏當知是人甚為希有何以故
須菩提如来說第一波羅蜜非第一波羅蜜
是名第一波羅蜜須菩提忍辱波羅蜜如来
說非忍辱波羅蜜何以故須菩提如我昔為
歌利王割截身體我於尒時无我相无人相
无衆生相无壽者相何以故我於往昔節節
支解時若有我相人相衆生相壽者相應生
瞋恨須菩提又念過去於五百世作忍辱仙
人於尒所世无我相无人相无衆生相无壽
者相是故須菩提菩薩應離一切相發阿耨

人於爾所世无我相无人相无衆生相无壽
者相是故須菩提菩薩應離一切相發阿耨
多羅三藐三菩提心不應住色生心不應住
聲香味觸法生心應生无所住心若心有住
則爲非住是故佛說菩薩心不應住色布施
須菩提菩薩爲利益一切衆生應如是布施
如來說一切諸相即是非相又說一切衆生
則非衆生須菩提如來是真語者實語者如
語者不誑語者不異語者須菩提如來所得法
此法无實无虛須菩提若菩薩心住於法而
行布施如人入闇則无所見若菩薩心不住
法而行布施如人有目日光明照見種種色
須菩提當來之世若有善男子善女人能於
此經受持讀誦則爲如來以佛智慧悉知是
人悉見是人皆得成就无量无邊功德

須菩提若有善男子善女人初日分以恒河
沙等身布施中日分復以恒河沙等身布施
後日分亦以恒河沙等身布施如是无量百
千万億劫以身布施若復有人聞此經典信
心不逆其福勝彼何況書寫受持讀誦為人
解說須菩提以要言之是經有不可思議不
可稱量无邊功德如來為發大乘者說為發
最上乘者說若有人能受持讀誦廣為人說
如來悉知是人悉見是人皆得成就不可量
不可稱无有邊不可思議功德如是人等則
為荷擔如來阿耨多羅三藐三菩提何以故
須菩提若樂小法者著我見人見衆生見壽者
見則於此經不能聽受讀誦為人解說須菩
提在在處處若有此經一切世間天人阿脩

BD01078　金剛般若波羅蜜經

見則於此經不能聽受讀誦為人解說須菩
提在在處處若有此經一切世間天人阿脩
羅所應供養當知此處則為是塔皆應恭
敬作礼圍繞以諸華香而散其處
復次須菩提善男子善女人受持讀誦此經
若為人輕賤是人先世罪業應墮惡道以今
世人輕賤故先世罪業則為消滅當得阿耨
多羅三藐三菩提須菩提我念過去无量阿
僧祇劫於然燈佛前得值八百四千万億那
由他諸佛悉皆供養承事无空過者若復有
人於後末世能受持讀誦此經所得功德於
我所供養諸佛功德百分不及一千万億分
乃至筭數譬喻所不能及須菩提若善男子
善女人於後末世有受持讀誦此經所得功

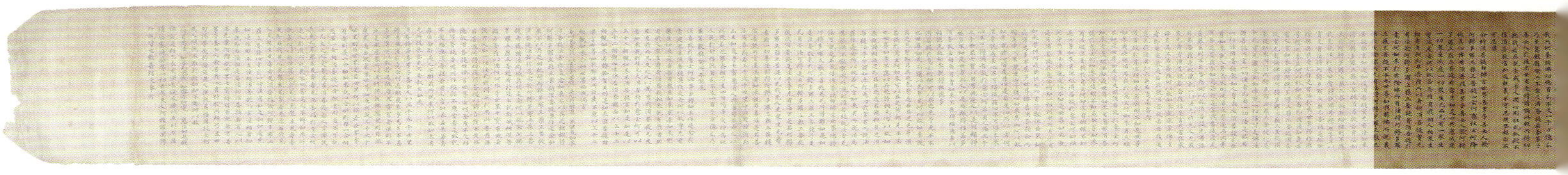

德我若具說者或有人聞心則狂亂狐疑不
信須菩提當知是經義不可思議果報亦不
可思議
尒時須菩提白佛言世尊善男子善女人發
阿耨多羅三藐三菩提心云何應住云何降
伏其心佛告須菩提善男子善女人發阿耨
多羅三藐三菩提者當生如是心我應滅度
一切衆生滅度一切衆生已而无有一衆生
實滅度者何以故若菩薩有我相人相衆生
相壽者相則非菩薩所以者何須菩提實无
有法發阿耨多羅三藐三菩提者須菩提於
意云何如來於然燈佛所有法得阿耨多羅
三藐三菩提不不也世尊如我解佛所說義
佛於然燈佛所无有法得阿耨多羅三藐三

BD01078　金剛般若波羅蜜經

意云何如来於然燈佛所有法得阿耨多羅
三藐三菩提不不也世尊如我解佛所説義
佛於然燈佛所无有法得阿耨多羅三藐三
菩提佛言如是如是須菩提實无有法如来
得阿耨多羅三藐三菩提須菩提若有法如
来得阿耨多羅三藐三菩提然燈佛則不與
我受記汝於来世當得作佛号釋迦牟尼以
實无有法得阿耨多羅三藐三菩提是故然
燈佛與我受記作是言汝於来世當得作佛
号釋迦牟尼何以故如来者即諸法如義若
有人言如来得阿耨多羅三藐三菩提須菩
提實无有法佛得阿耨多羅三藐三菩提須
菩提如来所得阿耨多羅三藐三菩提於是
中无實无虚是故如来説一切法皆是佛法

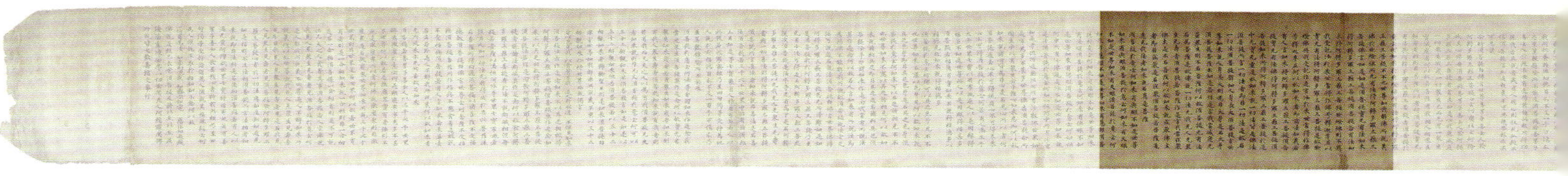

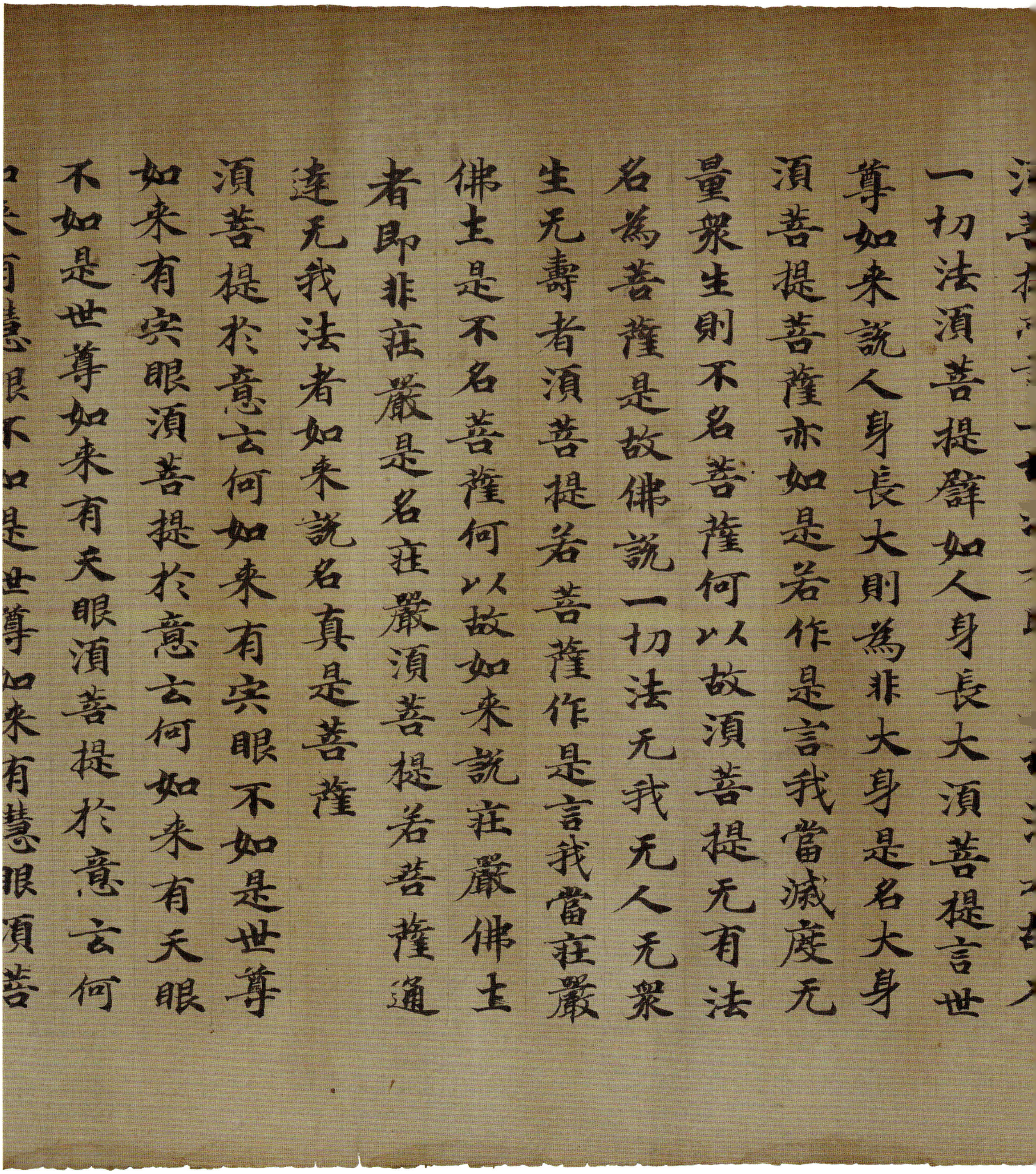

一切法須菩提譬如人身長大須菩提言世
尊如來說人身長大則為非大身是名大身
須菩提菩薩亦如是若作是言我當滅度无
量衆生則不名菩薩何以故須菩提无有法
名為菩薩是故佛說一切法无我无人无衆
生无壽者須菩提若菩薩作是言我當莊嚴
佛土是不名菩薩何以故如來說莊嚴佛土
者即非莊嚴是名莊嚴須菩提若菩薩通
達无我法者如來說名真是菩薩
須菩提於意云何如來有宍眼不如是世尊
如來有宍眼須菩提於意云何如來有天眼
不如是世尊如來有天眼須菩提於意云何
如來有慧眼不如是世尊如來有慧眼須菩

BD01078　金剛般若波羅蜜經

如來有肉眼須菩提於意云何如來有天眼
不如是世尊如來有天眼須菩提於意云何
如來有慧眼不如是世尊如來有慧眼須菩
提於意云何如來有法眼不如是世尊如來
有法眼須菩提於意云何如來有佛眼不如
是世尊如來有佛眼須菩提於意云何如恒
河中所有沙佛說是沙不如是世尊如來說
是沙須菩提於意云何如一恒河中所有沙有
如是等恒河是諸恒河所有沙數佛世界如
是寧為多不甚多世尊佛告須菩提尒所
國土中所有衆生若干種心如來悉知何以故
如來說諸心皆為非心是名為心所以者何
須菩提過去心不可得現在心不可得未來
心不可得須菩提於意云何若有人滿三千

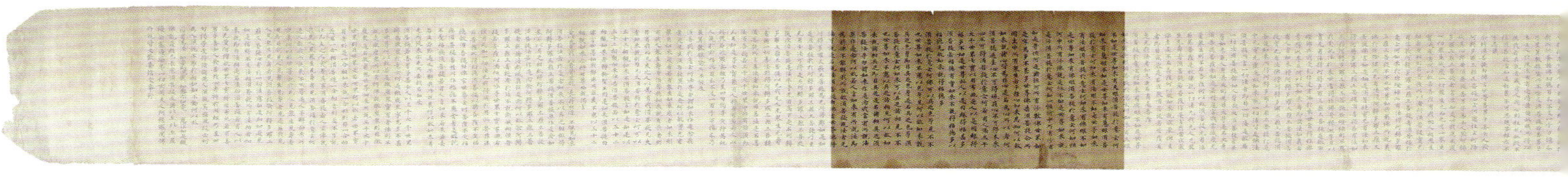

大千世界七寶以用布施是人以是因緣得
福多不如是世尊此人以是因緣得福甚多
須菩提若福德有實如來不說得福德多以
福德无故如來說得福德多
須菩提於意云何佛可以具足色身見不不
也世尊如來不應以色身見何以故如來說
具足色身即非具足色身是名具足色身須
菩提於意云何如來可以具足諸相見不不
也世尊如來不應以具足諸相見何以故如
來說諸相具足即非具足是名諸相具足須
菩提汝等勿謂如來作是念我當有所說法
莫作是念何以故若人言如來有所說法即
為謗佛不能解我所說故須菩提說法者无
法可說是名說法須菩提白佛言世尊佛得

BD01078　金剛般若波羅蜜經

莫作是念何以故若人言如来有所説法即
為謗佛不能解我所説故須菩提説法者无
法可説是名説法須菩提白佛言世尊佛得
阿耨多羅三藐三菩提為无所得耶如是如
是須菩提我於阿耨多羅三藐三菩提乃至
无有少法可得是名阿耨多羅三藐三菩提
復次須菩提是法平等无有高下是名阿耨
多羅三藐三菩提以无我无人无衆生无壽
者脩一切善法則得阿耨多羅三藐三菩提
須菩提所言善法者如来説非善法是名善
法須菩提若三千大千世界中所有諸須弥
山王如是等七寶聚有人持用布施若人以
此般若波羅蜜經乃至四句偈等受持為他
説於前福德百分不及一百千万億分乃

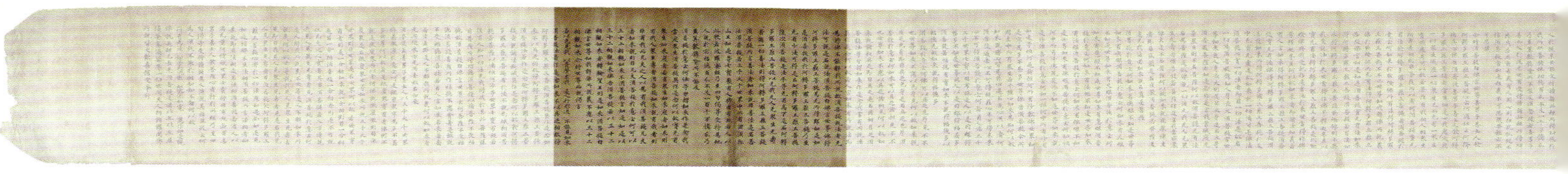

至筭數譬喻所不能及
須菩提於意云何汝等勿謂如来作是念我
當度衆生須菩提莫作是念何以故實无有
衆生如来度者若有衆生如来度者如来則
有我人衆生壽者須菩提如来說有我者則
非有我而凡夫之人以爲有我須菩提凡夫
者如来說則非凡夫須菩提於意云何可以
三十二相觀如来不須菩提言如是如是以
三十二相觀如来佛告須菩提若以三十二
相觀如来者轉輪聖王則是如来須菩提白
佛言世尊如我解佛所說義不應以三十二
相觀如来尒時世尊而說偈言
若以色見我　以音聲求我　是人行邪道　不能見如来
須菩提汝若作是念如来不以具足相故得

BD01078　金剛般若波羅蜜經

若以色見我 以音聲求我 是人行邪道 不能見如來
須菩提汝若作是念如來不以具足相故得
阿耨多羅三藐三菩提須菩提莫作是念如
來不以具足相故得阿耨多羅三藐三菩提
須菩提汝若作是念發阿耨多羅三藐三菩
提者說諸法斷滅莫作是念何以故發阿耨
多羅三藐三菩提者於法不說斷滅相須菩
提若菩薩以滿恒河沙等世界七寶布施若
復有人知一切法无我得成於忍此菩薩勝
前菩薩所得功德須菩提以諸菩薩不受福
德故須菩提白佛言世尊云何菩薩不受福
德須菩提菩薩所作福德不應貪著是故說
不受福德須菩提若有人言如來若來若去
若坐若臥是人不解我所說義何以故如來者

須菩提若善男子善女人以三千大千世界
碎為微塵於意云何是微塵衆寧為多不甚
多世尊何以故若是微塵衆實有者佛則不
說是微塵衆所以者何佛說微塵衆則非微
塵衆是名微塵衆世尊如來所說三千大千
世界則非世界是名世界何以故若世界實
有者則是一合相如來說一合相則非一合相
是名一合相須菩提一合相者則是不可說
但凡夫之人貪着其事須菩提若人言佛說
我見人見衆生見壽者見須菩提於意云何
是人解我所說義不世尊是人不解如來所
說義何以故世尊說我見人見衆生見壽者
見即非我見人見衆生見壽者見是名我見

BD01078　金剛般若波羅蜜經

是人解我所說義不世尊是人不解如來所
說義何以故世尊說我見人見衆生見壽者
見即非我見人見衆生見壽者見是名我見
人見衆生見壽者見須菩提發阿耨多羅三
藐三菩提心者於一切法應如是知如是見
如是信解不生法相須菩提所言法相者如
來說即非法相是名法相須菩提若有人以
滿无量阿僧祇世界七寶持用布施若有善
男子善女人發菩薩心者持於此經乃至四
句偈等受持讀誦為人演說其福勝彼云何
為人演說不取於相如如不動何以故
一切有為法　如夢幻泡影　如露亦如電　應作如是觀
佛說是經已長老須菩提及諸比丘比丘尼
優婆塞優婆夷一切世間天人阿脩羅聞佛

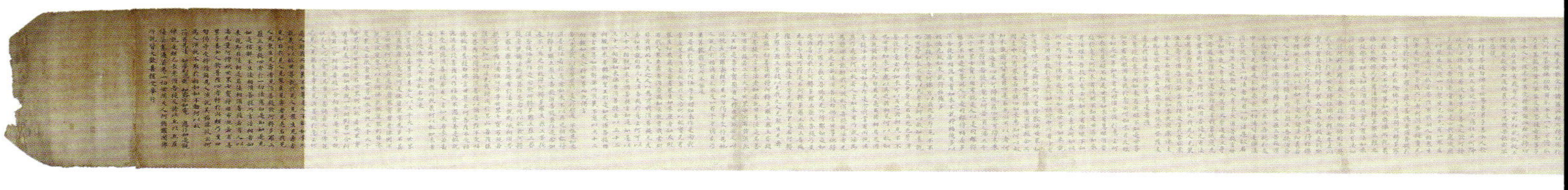

BD01078　金剛般若波羅蜜經

BD01079 妙法蓮華經卷三

（後秦）鳩摩羅什 譯

796.1cm × 26.8cm

偈言
告諸比丘　我以佛眼　見是迦葉　於未來世
過无數劫　當得作佛　而於來世　供養奉覲
三百万億　諸佛世尊　為佛智慧　淨修梵行
供養最上　兩足尊已　修習一切　无上之慧
於最後身　得成為佛　其土清淨　琉璃為地
多諸寶樹　行列道側　金繩界道　見者歡喜
常出好香　散衆名華　種種奇妙　以為莊嚴
其地平正　无有丘　諸菩薩衆　不可稱計
其心調柔　逮大神通　奉持諸佛　大乘經典
諸聲聞衆　无漏後身　法王之子　亦不可計
乃以天眼　不能數知　其佛當壽　十二小劫
□法住世　二十小劫　像法亦住　二十小劫

光明世尊 其事如是
尒時大目揵連須菩提摩訶迦旃延等皆
悉悚慄一心合掌瞻仰世尊目不暫捨即
共同聲而說偈言
大雄猛世尊 諸釋法之王 哀愍我等故 而賜佛音聲
若知我深心 見為授記者 如以甘露灑 除熱得清涼
如從飢國來 忽遇大王膳 心猶懷疑懼 未敢即便食
若復得王教 然後乃敢食 我等亦如是 每惟小乘過
不知當云何 得佛無上慧 雖聞佛音聲 言我等作佛
心尚懷憂懼 如未敢便食 若蒙佛授記 尒乃快安樂
大雄猛世尊 常欲安世間 願賜我等記 如飢須教食
尒時世尊知諸大弟子心之所念告諸比丘是
須菩提於當來世奉覲三百万億那由他佛供
養恭敬尊重讚歎常脩梵行具菩薩道

BD01079　妙法蓮華經卷三

須菩提於當来世奉覲三百万億那由他佛供
養恭敬尊重讃歎常脩梵行具菩薩道於
最後身得成為佛号曰名相如来應供正
遍知明行足善逝世間解无上士調御
天人師佛世尊刧名有[illegible]国名寶生其土平
正頗梨為地寶樹莊嚴无諸丘坑沙礫荊棘
便利之穢寶華覆地周遍清淨其土人民皆
處寶臺珍妙樓閣聲聞弟子无量无邊筭
數譬喻所不能知諸菩薩衆无數千万億那
由他佛壽十二小刧正法住世二十小刧像法
亦住二十小刧其佛常處虛空為衆說法度
脫无量菩薩及聲聞衆尒時世尊欲重宣此
義而說偈言
諸比丘衆　今告汝等　皆當一心　聽我所說

我大弟子　須菩提者　當得作佛　號曰名相
當供无數　万億諸佛　隨佛所行　漸具大道
最後身得　三十二相　端正殊妙　猶如寶山
其佛國土　嚴淨第一　衆生見者　无不愛樂
佛於其中　度无量衆　其佛法中　多諸菩薩
皆悉利根　轉不退輪　彼國常以　菩薩莊嚴
諸聲聞衆　不可稱數　皆得三明　具六神通
住八解脫　有大威德　其佛說法　現於无量
神通變化　不可思議　諸天人民　數如恒沙
皆共合掌　聽受佛語　其佛當壽　十二小劫
正法住世　二十小劫　像法亦住　二十小劫
尒時世尊復告諸比丘衆我今語汝是大迦
旃延於當来世以諸供具供養奉事八千

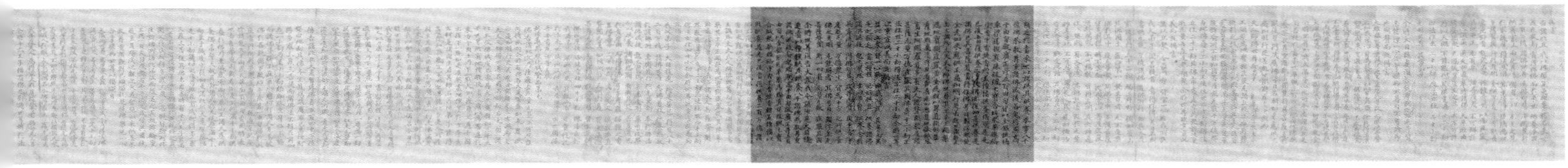

旃延於當来世以諸供具供養奉事八千
億佛恭敬尊重諸佛滅後各起塔廟高
千由旬縦廣正等五百由旬皆以金銀琉璃
車磲馬瑙真珠玫瑰七寶合成衆華瓔珞
塗香末香燒香繒蓋幢幡供養塔廟過是
已後當復供養二万億佛亦復如是供養是
諸佛已具菩薩道當得作佛号曰閻浮那提
金光如来應供正遍知明行足善逝世間解无
上士調御丈夫天人師佛世尊其土平正頗梨
為地寶樹莊嚴黄金為繩以界道側妙華
覆地周遍清淨見者歡喜无四悪道地獄餓鬼
畜生阿脩羅道多有天人諸聲聞衆及諸
菩薩无量万億莊嚴其國佛壽十二小劫正
法住世二十小劫像法亦住二十小劫

諸比丘衆　皆一心聽　如我所說　真實无異
是迦旃延　當以種種　妙好供具　供養諸佛
諸佛滅後　起七寶塔　亦以華香　供養舍利
其最後身　得佛智慧　成等正覺　國土清淨
度脫无量　万億衆生　皆為十方　之所供養
佛之光明　无能勝者　其佛号曰　閻浮金光
菩薩聲聞　斷一切有　无量无數　莊嚴其國
尒時世尊復告大衆　我今語汝　是大目揵
連當以種種供具供養八千諸佛　恭敬尊重
諸佛滅後各起塔廟　高千由旬　縱廣正等五百
由旬　以金銀琉璃車𤦲馬瑙真珠玫瑰七寶
合成　衆華瓔珞塗香末香燒香繒蓋幢幡以
用供養　過是已後　當復供養二百万億諸

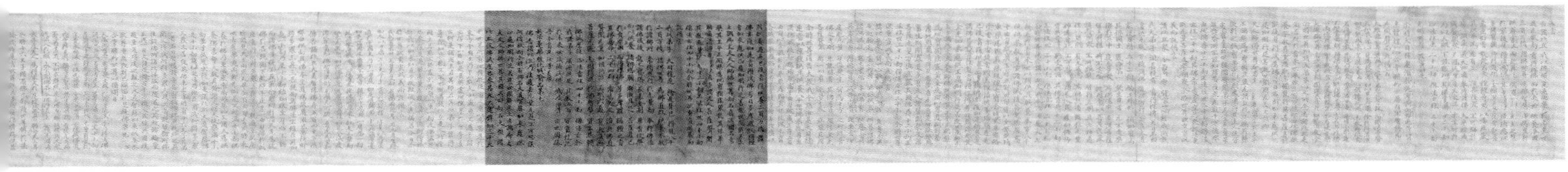

用供養過是已後當復供養二百万億諸
佛亦復如是當得成佛号曰多摩羅跋栴檀
香如来應供正遍知明行足善逝世間解无上
士調御丈夫天人師佛世尊劫名喜滿國名意
樂其土平正頗梨為地寶樹莊嚴散真珠華
周遍清淨見者歡喜多諸天人菩薩聲聞
其數无量佛壽二十四小劫正法住世四十小劫
像法亦住四十小劫尒時世尊欲重宣此義而
說偈言

我此弟子　大目揵連　捨是身已　得見八千
二百万億　諸佛世尊　為佛道故　供養恭敬
於諸佛所　常脩梵行　於无量劫　奉持佛法
諸佛滅後　起七寶塔　長表金剎　華香伎樂
而以供養　諸佛塔廟　漸漸具足　菩薩道已

其佛壽命 二十四劫 常為天人 演說佛道
聲聞无量 如恒河沙 三明六通 有大威德
菩薩无數 志固精進 於佛智慧 皆不退轉
佛滅度後 正法當住 四十小劫 像法亦尒
我諸弟子 威德具足 其數五百 皆當授記
於未來世 咸得成佛 我及汝等 宿世因緣
吾今當說 汝等善聽

妙法蓮華經化城喻品第七

佛告諸比丘乃往過去无量无邊不可思議
阿僧祇劫尒時有佛名大通智勝如來應供
正遍知明行足善逝世間解无上士調御丈
夫天人師佛世尊其國名好劫名大相諸
比丘彼佛滅度已來甚大久遠譬如三千大

比丘彼佛滅度已來甚大久遠譬如三千大
千世界所有地種假使有人磨以為墨過於
東方千國土乃下一點大如微塵又過千國
土復下一點如是展轉盡地種墨於汝等意
云何是諸國土若算師若算師弟子能得
邊際知其數不不也世尊諸比丘是人所經
國土若點不點盡末為塵一塵一劫彼佛滅度
已來復過是數无量无邊百千萬億阿僧祇
劫我以如來知見力故觀彼久遠猶若今日
時世尊欲重宣此義而說偈言
我念過去世　无量无邊劫　有佛兩足尊　名大通智勝
如人以力磨　三千大千土　盡此諸地種　皆悉以為墨
過於千國土　乃下一塵點　如是展轉點　盡此諸塵墨
如是諸國土　點與不點等　復盡末為塵　一塵為一劫

此諸微塵數　其劫復過是　彼佛滅度來　如是无量劫
如来无礙智　如彼佛滅度　及聲聞菩薩　如見今滅度
諸比丘當知　佛智淨微妙　无漏无所礙　通達无量劫
佛告諸比丘大通智勝佛壽五百四十万億
那由他劫其佛本坐道場破魔軍已垂得阿
耨多羅三藐三菩提而諸佛法不現在前如
是一小劫乃至十小劫結跏趺坐身心不動
而諸佛法猶不在前尒時忉利諸天先為彼
佛於菩提樹下敷師子座高一由旬佛於此
座當得阿耨多羅三藐三菩提適坐此座
時諸梵天王雨衆天華面百由旬香風時来
吹去萎華更雨新者如是不絕滿十小劫供
養於佛乃至滅度常雨此華四王諸天為供
養佛常擊天鼓其餘諸天作天伎樂滿十小

養於佛乃至滅度常雨此華四王諸天為供
養佛常擊天鼓其餘諸天作天伎樂滿十小
劫至于滅度亦復如是諸比丘大通智勝佛
過十小劫諸佛之法乃現在前成阿耨多羅
三藐三菩提其佛未出家時有十六王子其第
一者名曰智積諸子各有種種珍異玩好之具
聞父得成阿耨多羅三藐三菩提皆捨所珍
往詣佛所諸母涕泣而隨送之其祖轉輪聖
王與一百大臣及餘百千万億人民皆共圍繞
隨至道場咸欲親近大通智勝如来供養恭
敬尊重讚歎到已頭面礼足繞佛畢已一心
合掌瞻仰世尊以偈頌曰
大威德世尊　為度衆生故　於无量億歲　尒乃得成佛
諸願已具足　善哉吉无上　世尊甚希有　一坐十小劫

身體及手足　靜然安不動　其心常憺怕　未曾有散亂
究竟永寂滅　安住无漏法　今者見世尊　安隱成佛道
我等得善利　稱慶大歡喜　眾生常苦惱　盲瞑无導師
不識苦盡道　不知求解脫　長夜增惡趣　減損諸天眾
從瞑入於瞑　永不聞佛名　今佛得最上　安隱无漏法
我等及天人　為得最大利　是故咸稽首　歸命无上尊
尒時十六王子偈讚佛已　勸請世尊轉於法
輪　咸作是言　世尊說法　多所安隱　憐愍饒益
諸天人民　重說偈言
世雄无等倫　百福自莊嚴　得无上智慧　願為世間說
度脫於我等　及諸眾生類　為分別顯示　令得是智慧
若我等得佛　眾生亦復然　世尊知眾生　深心之所念
亦知所行道　又智知慧力　欲樂及脩福　宿命所行業
世尊悉知已　當轉无上輪

亦知所行道　又知智慧力　欲樂及修福　宿命所行業
世尊悉知已　當轉无上輪
佛告諸比丘大通智勝佛得阿耨多羅三藐
三菩提時十方各五百万億諸佛世界六種震
動其國中間幽瞑之處日月威光所不能照
而皆大明其中衆生各得相見咸作是言此
中云何忽生衆生又其國界諸天宮殿乃至
梵宮六種震動大光普照遍滿世界勝諸天
光尒時東方五百万億諸國土中梵天宮殿光
明照曜倍於常明諸梵天王各作是念今
者宮殿光明昔所未有以何因緣而現此相
是時諸梵天王即各相詣共議此事而彼衆
中有一大梵天王名救一切為諸梵衆而説偈
言
我等諸宮殿　光明昔未有　此是何因緣　宜各共求之

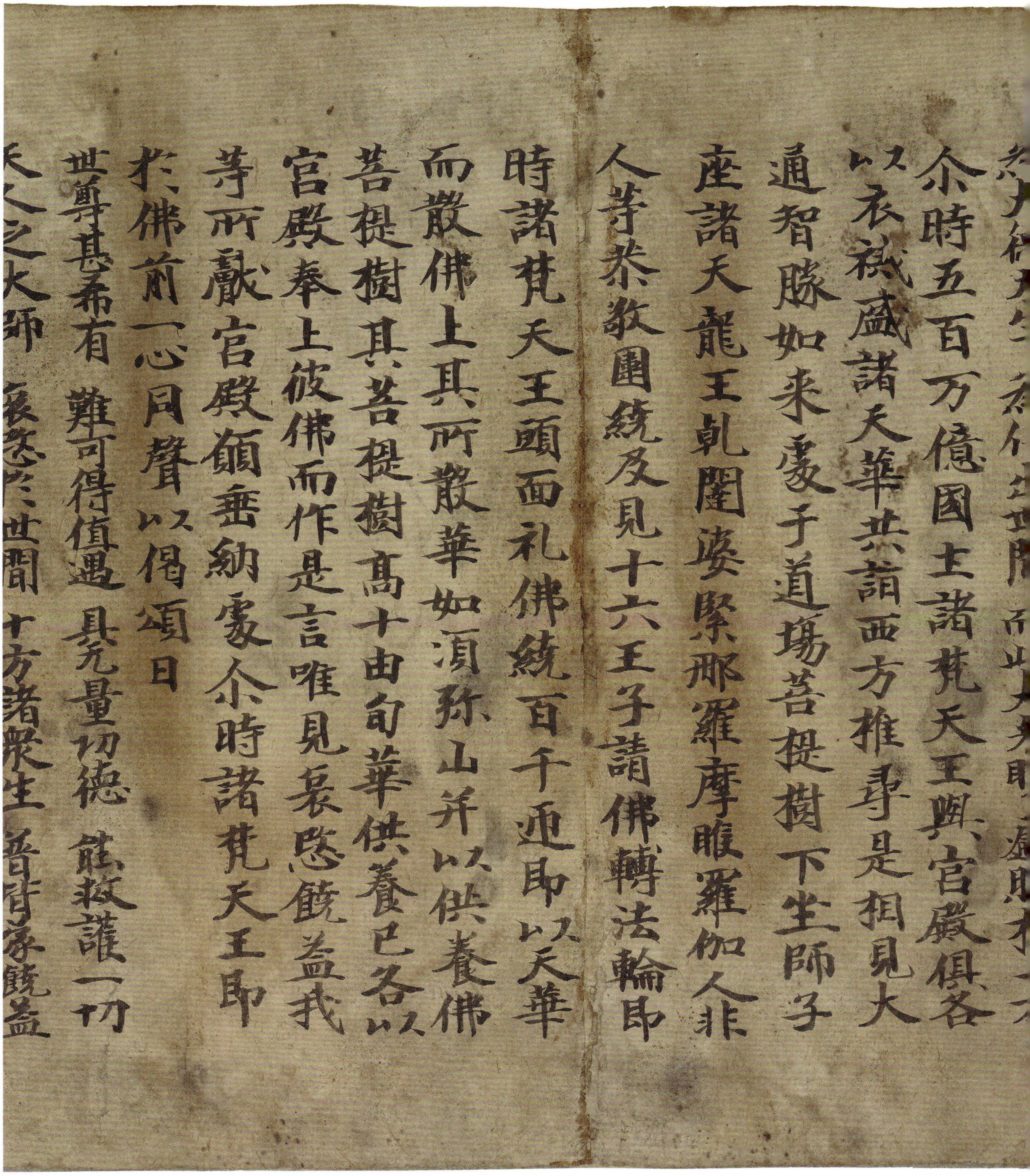

為大德天生　為佛出世間　而此大光明　遍照於十方
尒時五百万億國土諸梵天王與宮殿俱各
以衣裓盛諸天華共詣西方推尋是相見大
通智勝如来處于道場菩提樹下坐師子
座諸天龍王乾闥婆緊那羅摩睺羅伽人非
人等恭敬圍繞及見十六王子請佛轉法輪即
時諸梵天王頭面礼佛繞百千匝即以天華
而散佛上其所散華如須弥山并以供養佛
菩提樹其菩提樹高十由旬華供養已各以
宮殿奉上彼佛而作是言唯見哀愍饒益我
等所獻宮殿願垂納處尒時諸梵天王即
於佛前一心同聲以偈頌曰
世尊甚希有　難可得值遇　具无量功德　能救護一切
天人之大師　哀愍於世間　十方諸衆生　普皆蒙饒益

世尊甚希有　難可得值遇　具無量功德　能救護一切
天人之大師　哀愍於世間　十方諸衆生　普皆蒙饒益
我等所從来　五百万億國　捨深禪定樂　為供養佛故
我等先世福　宮殿甚嚴飾　今以奉世尊　唯願哀納受
尒時諸梵天王偈讚佛已各作是言唯願世尊
轉於法輪度脫衆生開涅槃道時諸梵天王
一心同聲而説偈言
世雄両足尊　唯願演説法　以大慈悲力　度苦惱衆生
尒時大通智勝如来嘿然許之又諸比丘東
南方五百万億國土諸大梵王各自見宮殿
光明照曜昔所未有歡喜踊躍生希有心
即各相詣共議此事而彼衆中有一大梵天
王名曰大悲為諸梵衆而説偈言
是事何因緣　而現如此相　我等諸宮殿　光明昔未有
為大德天生　為佛出世間　未曾見此相　當共一心求

尒時五百万億諸梵天王與宮殿俱各以衣裓
盛諸天華共詣西北方推尋是相見大通智
勝如来處于道場菩提樹下坐師子座諸
天龍王乾闥婆緊那羅摩睺羅伽人非人等
恭敬圍繞及見十六王子請佛轉法輪時諸梵
天王頭面礼佛繞百千迊即以天華而散佛
上所散之華如須弥山并以供養佛菩提樹
華供養已各以宮殿奉上彼佛而作是言唯
見哀愍饒益我等所獻宮殿願垂納處尒
時諸梵天王即於佛前一心同聲以偈頌曰
聖主天中王　迦陵頻伽聲　哀愍衆生者　我等今敬礼
世尊甚希有　久遠乃一現　一百八十劫　空過无有佛
三惡道充滿　諸天衆減少　今佛出於世　為衆生作眼

世尊甚希有 久遠乃一現 一百八十劫 空過無有佛
三惡道充滿 諸天衆減少 今佛出於世 為衆生作眼
世間所歸趣 救護於一切 為衆生之父 哀愍饒益者
我等宿福慶 今得值世尊
尒時諸梵天王偈讚佛已各作是言唯願
世尊哀愍一切轉於法輪度脫衆生時諸梵
天王一心同聲而說偈言
大聖轉法輪 顯示諸法相 度苦惱衆生 令得大歡喜
衆生聞此法 得道若生天 諸惡道減少 忍善者增益
尒時大通智勝如來默然許之又諸比丘南
方五百万億國土諸大梵王各自見宮殿光
明照曜昔所未有歡喜踊躍生希有心即
各相詣共議此事以何因緣我等宮殿有此
光曜而彼衆中有一大梵天王名曰妙法為
諸梵衆而說偈言

過於百千劫　未曾見是相　為大德天生　為佛出世間
尒時五百万億諸梵天王與宮殿俱各以衣裓
盛諸天華共詣北方推尋是相見大通智
勝如来處于道場菩提樹下座師子座諸
天龍王乾闥婆緊那羅摩睺羅伽人非人
等恭敬圍繞及見十六王子請佛轉法輪即時
諸梵天王頭面礼佛繞百千匝即以天華而
散佛上所散之華如須弥山并以供養佛菩
提樹華供養已各以宮殿奉上彼佛而作是
言唯見哀愍饒益我等所獻宮殿願垂納
處尒時諸梵天王即於佛前一心同聲以偈
頌曰
世尊甚難見　破諸煩惱者　過百三十劫　今乃得一見

BD01079　妙法蓮華經卷三

世尊甚難見 破諸煩惱者 過百三十劫 今乃得一見
諸飢渴衆生 以法雨充滿 昔所未曾覩 无量智慧者
如優曇鉢羅 今日乃值遇 我等諸宮殿 蒙光故嚴飾
世尊大慈愍 唯願垂納受
尒時諸梵天王偈讚佛已各作是言唯願
世尊轉於法輪令一切世間諸天魔梵沙門
婆羅門皆獲安隱而得度脫時諸梵天王
一心同聲以偈頌曰
唯願天人尊 轉无上法輪 擊于大法鼓 而吹大法螺
普雨大法雨 度无量衆生 我等咸歸請 當演深遠音
尒時大通智勝如來黙然許之西南方乃至
下方亦復如是尒時上方五百万億國土諸
大梵王皆悉自覩所止宮殿光明威曜昔

議此事以何因緣我等宮殿有斯光明而彼
衆中有一大梵天王名曰尸棄為諸梵衆
而說偈言
今以何因緣　我等諸宮殿　威德光明曜　嚴飾未曾有
如是之妙相　昔所未聞見　為大德天生　為佛出世間
尒時五百万億諸梵天王與宮殿俱各以衣
裓盛諸天華共詣下方推尋是相見大通智
勝如来處于道場菩提樹下坐師子座諸天
龍王乾闥婆緊那羅摩睺羅伽人非人等恭
敬圍繞及見十六王子請佛轉法輪時諸梵
天王頭面礼佛繞百千迊即以天華而散佛
上所散之華如須弥山并以供養佛菩提樹
華供養已各以宮殿奉上彼佛而作是言唯
見哀愍饒益我等所獻宮殿願垂納處尒時

見哀愍饒益我等所獻宮殿願垂納處尒時
諸梵天王即於佛前一心同聲以偈頌曰
善哉見諸佛　救世之聖尊　能於三界獄　挽出諸衆生
普智天人尊　哀愍群萌類　能開甘露門　廣度於一切
於昔无量劫　空過无有佛　世尊未出時　十方常暗暝
三惡道增長　阿脩羅亦盛　諸天衆轉減　死多墮惡道
不從佛聞法　常行不善事　色力及智慧　斯等皆減少
罪業因緣故　失樂及樂想　住於邪見法　不識善儀則
不蒙佛所化　常墮於惡道　佛爲世間眼　久遠時乃出
哀愍於衆生　故現於世間　超出成正覺　我等甚欣慶
及餘一切衆　喜歎未曾有　我等諸宮殿　蒙光故嚴飾
今以奉世尊　唯垂哀納受　願以此功德　普及於一切
我等與衆生　皆共成佛道

諸梵天王而說偈言
世尊轉法輪　擊甘露法鼓　度苦惱衆生　開示涅槃道
唯願受我請　以大微妙音　哀愍而敷演　无量劫習法
尒時大通智勝如来受十方諸梵天王及十
六王子請即時三轉十二行法輪若沙門婆羅
門若天魔梵及餘世間所不能轉謂是苦是苦
集是苦滅是苦滅道及廣說十二因緣法无
明緣行行緣識識緣名色名色緣六入六入緣觸
觸緣受受緣愛愛緣取取緣有有緣生生
緣老死憂悲苦惱无明滅則行滅行滅則
識滅識滅則名色滅名色滅則六入滅六入
滅則觸滅觸滅則受滅受滅則愛滅愛
滅則取滅取滅則有滅有滅則生滅生滅

滅則取滅取滅則有滅有滅則生滅生滅
滅則老死憂悲苦惱滅佛於天人大衆之
中說是法時六百万億那由他人以不受一切
法故而於諸漏心得解脫皆得深妙禪定
三明六通具八解脫第二第三第四說法時
千万億恒河沙那由他等衆生亦以不受一
切法故而於諸漏心得解脫從是已後諸聲
聞衆无量无邊不可稱數尒時十六王子皆
以童子出家而為沙弥諸根通利智慧明
了已曾供養百千万億諸佛淨脩梵行求
阿耨多羅三藐三菩提俱白佛言世尊是諸
无量千万億大德聲聞皆已成就世尊亦當
為我等說阿耨多羅三藐三菩提法我等
聞已皆共脩學世尊我等志願如來知見

深心所念佛自證知尒時轉輪聖王所將衆中
八万億人見十六王子出家亦求出家王即
聽許尒時彼佛受沙弥請過二万劫已乃於
四衆之中說是大乘經名妙法蓮華教菩薩
法佛所護念說是經已十六沙弥爲阿耨多
羅三藐三菩提故皆共受持諷誦通利說
是經時十六菩薩沙弥皆悉信受聲聞衆中
亦有信解其餘衆生千万億種皆生疑惑佛
說是經於八千劫未曾休癈說此經已即入靜
室住於禪定八万四千劫是時十六菩薩沙
弥知佛入室寂然禪定各昇法座亦於八万
四千劫爲四部衆廣說分別妙法華經一一皆
度六百万億那由他恒河沙等衆生示教利
喜令發阿耨多羅三藐三菩提心大通智勝

喜令發阿耨多羅三藐三菩提心大通智勝
佛過八万四千劫已從三昧起往詣法座安
詳而座普告大衆是十六菩薩沙弥甚為
希有諸根通利智慧明了已曾供養无
量千万億數諸佛於諸佛所常脩梵行受
持佛智開示衆生令入其中汝等皆當數
數親近而供養之所以者何若聲聞辟
佛及諸菩薩能信是十六菩薩所說經法
受持不毀者是人皆當得阿耨多羅三藐
三菩提如來之慧佛告諸比丘是十六菩薩
常樂說是妙法蓮華經一一菩薩所化六百
万億那由他恒河沙等衆生世世所生與菩
薩俱從其聞法悉皆信解以此因緣得值四

彼佛弟子十六沙弥今皆得阿耨多羅三藐
三菩提於十方國土現在說法有无量百千万
億菩薩聲聞以為眷屬其二沙弥東方作佛
一名阿閦在歡喜國二名須弥頂東南方二佛
一名師子音二名師子相南方二佛一名虛空住
二名常滅西南方二佛一名帝相二名梵相西方
二佛一名阿弥陁二名度一切世間苦惱西北方
二佛一名多摩羅跋栴檀香神通二名須弥
相北方二佛一名雲自在二名雲自在王東北
方佛名壞一切世間怖畏第十六我釋迦牟尼
佛於娑婆國土成阿耨多羅三藐三菩提
諸比丘我等為沙弥時各各教化无量百千
万億恒沙等眾生從我聞法為阿耨多羅

万億恒沙等衆生從我聞法為阿耨多羅
三藐三菩提此諸衆生于今有住聲聞地者
我常教化阿耨多羅三藐三菩提是諸人
等應以是法漸入佛道所以者何如来智慧
難信難解尒時所化无量恒河沙等衆生
者汝等諸比丘及我滅度後未来世中聲
聞弟子是也我滅度後復有弟子不聞是
經不知不覺菩薩所行自於所得功德生
滅度想當入涅槃我於餘國作佛更有異
名是人雖生滅度之想入於涅槃而於彼土
求佛智慧得聞是經唯以佛乘而得滅度更
无餘乘除諸如来方便說法諸比丘若如来
自知涅槃時到衆又清淨信解堅固了達空

是經世間無有二乘而得滅度唯一佛乘得
滅度耳比丘當知如來方便深入眾生之性
知其志樂小法深著五欲為是等故說於
涅槃是人若聞則便信受譬如五百由旬險
難惡道曠絕無人怖畏之處若有多眾欲
過此道至珎寶處有一導師聰慧明達善
知險道通塞之相將導眾人欲過此難所將
人眾中路懈退白導師言我等疲極而復怖
畏不能復進前路猶遠今欲退還導師多
諸方便而作是念此等可愍云何捨大珎寶
而欲退還作是念已以方便力於險道中過三
百由旬化作一城告眾人言汝等勿得怖莫
得退還今此大城可於中止隨意所作若入
是城快得安隱若能前至寶所亦可得去

是城快得安隱若能前至寶所亦可得去
是時疲極之衆心大歡喜歎未曾有我等
今者免斯惡道快得安隱於是衆人前入
化城生已度想生安隱想尒時導師知此人
衆既得止息无復疲惓即滅化城語衆人言
汝等去来寶處在近向者大城我所化作
為止息耳諸比丘如来亦復如是今為汝等作
大導師知諸生死煩惱惡道險難長遠應
去應度若衆生但聞一佛乘者則不欲見佛
不欲親近便作是念佛道長遠久受勤苦
乃可得成佛知是心怯弱下劣以方便力而
於中道為止息故說二涅槃若衆生住於二
地如来尒時即便為說汝等所作未辦汝所
住地近於佛慧當觀察籌量所得涅槃非

三如彼導師為止息故化作大城既知息已
而告之言寶處在近此城非實我化作耳
尒時世尊欲重宣此義而說偈言
大通智勝佛　十劫坐道場　佛法不現前　不得成佛道
諸天龍鬼神　阿脩羅眾等　常雨於天華　以供養彼佛
諸天擊天鼓　并作眾伎樂　香風吹萎華　更雨新好者
過十小劫已　乃得成佛道　諸天及世人　心皆懷踴躍
彼佛十六子　皆與其眷屬　千万億圍繞　俱行至佛所
頭面礼佛足　而請轉法輪　聖師子法雨　充我及一切
世尊甚難值　久遠時一現　為覺悟群生　震動於一切
東方諸世界　五百万億國　梵宮殿光曜　昔所未曾有
諸梵見此相　尋來至佛所　散華以供養　并奉上宮殿
請佛轉法輪　以偈而讚歎　佛知時未至　受請默然坐

請佛轉法輪　以偈而讚歎　佛知時未至　受請嘿然坐
三方及四維　上下亦復然　散華奉宮殿　請佛轉法輪
世尊甚難值　願以大慈悲　廣開甘露門　轉无上法輪
无量慧世尊　受彼衆人請　為宣種種法　四諦十二緣
无明至老死　皆從生緣有　如是衆過患　汝等應當知
宣暢是法時　六百万億姟　得盡諸苦際　皆成阿羅漢
弟二說法時　千万恒沙衆　於諸法不受　亦得阿羅漢
從是後得道　其數无有量　万億劫筭數　不能得其邊
時十六王子　出家作沙弥　皆共請彼佛　演說大乘經
我等及營從　皆當成佛道　願得如世尊　慧眼第一淨
佛知童子心　宿世之所行　以无量因緣　種種諸譬喻
說六波羅蜜　及諸神通事　分別真實法　菩薩所行道
說是法華經　如恒河沙偈　彼佛說經已　靜室入禪定
一心一處坐　八万四千劫　是諸沙弥等　知佛禪未出

為无量億眾　說佛无上慧　各各坐法座　說是大乘經
於佛宴寂後　宣揚助法化　一一沙彌等　所度諸眾生
有六百萬億　恒河沙等眾　彼佛滅度後　是諸聞法者
在在諸佛前　常與師俱生　是十六沙彌　具足行佛道
今現在十方　各得成正覺　尒時聞法者　各在諸佛所
其有住聲聞　漸教以佛道　我在十六數　曾亦為汝說
是故以方便　引汝趣佛慧　以是本因緣　今說法華經
令汝入佛道　慎勿懷驚懼　譬如險惡道　迥絕多毒獸
又復无水草　人所怖畏處　无數千萬眾　欲過此險道
其路甚曠遠　經五百由旬　時有一導師　強識有智慧
明了心決定　在險濟眾難　眾人皆疲惓　而白導師言
我等今頓乏　於此欲退還　導師作是念　此輩甚可愍
如何欲退還　而失大珍寶　尋時思方便　當設神通力
化作大城郭　莊嚴諸舍宅　周迊有園林　渠流及浴池

如何欲退還　而失大珍寶　尋時思方便　當設神通力
化作大城郭　莊嚴諸舍宅　周匝有園林　渠流及浴池
重門高樓閣　男女皆充滿　即作是化已　慰眾言勿懼
汝等入此城　各可隨所樂　諸人既入城　心皆大歡喜
皆生安隱想　自謂已得度　導師知息已　集眾而告言
汝等當前進　此是化城耳　我見汝疲極　中路欲退還
故以方便力　權化作此城　汝今勤精進　當共至寶所
我亦復如是　為一切導師　見諸求道者　中路而懈廢
不能度生死　煩惱諸險道　故以方便力　為息說涅槃
言汝等苦滅　所作皆已辦　既知到涅槃　皆得阿羅漢
尒乃集大眾　為說真實法　諸佛方便力　分別說三乘
唯有一佛乘　息處故說二　今為汝說實　汝所得非滅
為發一切智　當發大精進　汝證一切智　十方等佛法
具三十二相　乃是真實滅　諸佛之導師　為息說涅槃

[illegible]

妙法蓮華經卷苐三

BD01079　妙法蓮華經卷三

BD01080

大般涅槃經卷二七

（北凉）曇無讖 譯

536.6cm × 25.7cm

勝是因是果
果上為佛性故因果[illegible]无
經中說十二因緣其義甚深
非乃是諸佛菩薩境界非
以何義故甚深甚深眾生
而得果報雖念念滅而无所
而有作業雖无受者而有果報
果不敗亡无有慮知和合而有一
與十二因緣共行而不見不知
始終十住菩薩唯見其終不見其
世尊見始見終以是義故諸佛了了
佛性善男子一切眾生不能見於十二
因緣是故輪轉善男子如蠶作繭自生自死
一切眾生亦復如是不見佛性故自造結業

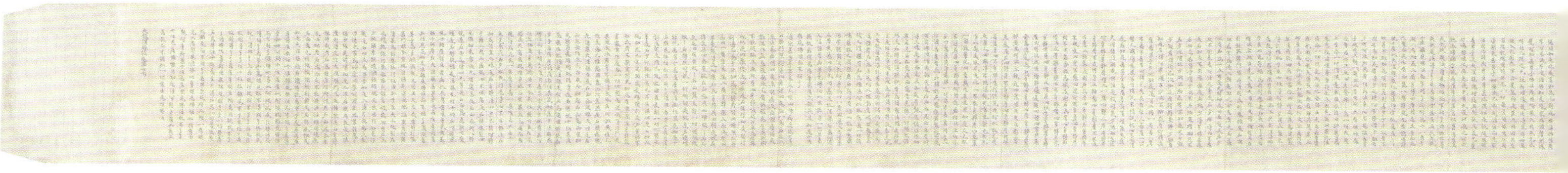

者即是見佛佛者即是佛性何以故一切諸
佛以此為性善男子觀十二緣智凡有四種
一者下二者中三者上四者上上下智觀者
不見佛性以不見故得聲聞道中智觀者不
見佛以不見故得緣覺道上智觀者見不了
了不了了故住十住地上上智觀者見了了故得
阿耨多羅三藐三菩提道以是義故十二因
緣名為佛性佛性者即第一義空第一義空
名為中道中道者即名佛性佛性者名為涅
槃爾時師子吼菩薩摩訶薩白佛言世尊若
佛與佛性无差別者一切眾生何用循道佛性
言善男子如汝所問是義不然佛與佛性雖
无差別然諸眾生悉未具足善男子譬如有
人惡心害母害已生悔三業雖善是人故名
地獄人也何以故是人定當墮地獄中故是人

BD01080　大般涅槃經卷二七

人惡心害母害已生悔三業雖善是人故名
地獄人也何以故是人定當墮地獄中故是人
雖无地獄陰界諸入猶故得名為地獄人善
男子是故我於諸經說中若見有人修行善
者名見天人修行惡者名見地獄何以故定
受報故善男子一切衆生定得阿耨多羅三
藐三菩提故是故我說一切衆生悉有佛性
一切衆生真實未有三十二相八十種好以是
義故我於此經而說偈言
本有今无　本无今有　三世有法　无有是處
善男子有者凡有三種一未來有二現在有
三過去有一切衆生未來之世當有阿耨多
羅三藐三菩提是名佛性一切衆生現在悉
有煩惱諸結是現在无有三十二相八十種
好一切衆生過去之世有斷煩惱是故現在

无有善法佛性亦善以未來有故一闡提等
悉有佛性何以故一闡提等定當得成阿耨
多羅三藐三菩提故善男子譬如有人家有
乳酪有人問言汝有蘇耶荅言我有酪實非
蘇以巧方便定當得故〃言有蘇衆生亦尒
悉皆有心凡有者定當得成阿耨多羅三藐
三菩提以是義故我常宣說一切衆生悉有
佛性善男子畢竟有二種一者莊嚴畢竟
二者究竟畢竟一者世間畢竟二者出世間
畢竟莊嚴畢竟者六波羅蜜究竟畢竟者
切衆生所得一乘一乘者名為佛性以是義
故我說一切衆生悉有佛性一切衆生悉有
一乘以无明覆故不能得見善男子如欝單
曰卅三天果報覆故此間衆生不能得見佛
性亦尒諸結覆故衆生不見復次善男子佛

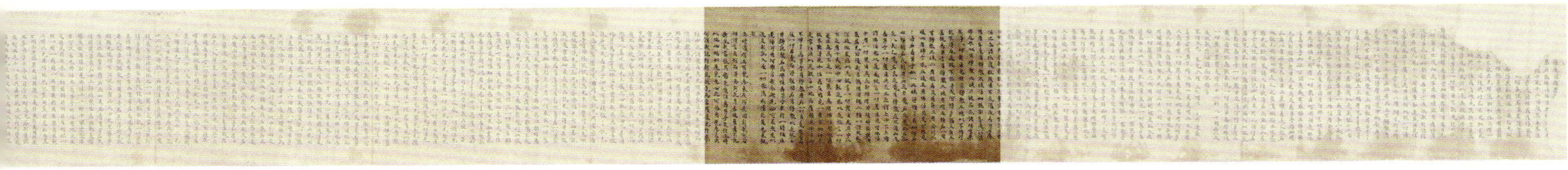

曰廿三天界親覆故山間衆生不能得見佛
性忍介諸結覆故衆生不見復次善男子佛
性者即是首楞嚴三昧性如醍醐即是一切諸
佛之母以首楞嚴三昧力故而令諸佛常樂
我淨一切衆生悉有首楞嚴三昧以不脩行
故不得見是故不能得成阿耨多羅三藐三
菩提善男子首楞嚴三昧者有五種名一者
首楞嚴三昧二者般若波羅蜜三者金剛三
昧四者師子吼三昧五者佛性隨其所作處
〻得名善男子如一三昧得種〻名如禪名
四禪根名定根力名定力覺名定覺正名正
定八大人覺名爲定覺首楞嚴定亦復如是
善男子一切衆生具足三定謂上中下上者
謂佛性也以是義故言一切衆生悉有佛性
中者一切衆生具足初禪有因緣時則能脩

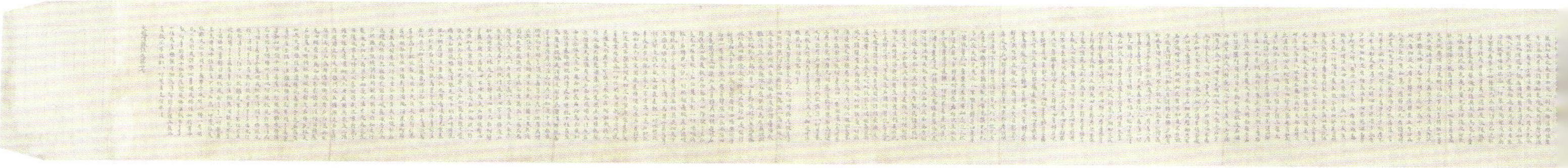

言
下定者十大地中心數定也以是故言一切
眾生悉具下定一切眾生悉有佛性煩惱覆
故不能得見十住菩薩雖見一乘不知如來
是常住法以是故言十地菩薩雖見佛性而
不明了善男子首楞嚴者名一切事竟嚴者名
堅一切畢竟而得堅固名首楞嚴以是故言
首楞嚴定名為佛性善男子我於一時住尼
連禪河告阿難言我今欲洗汝可取衣及以
澡豆我既入水一切飛鳥水陸之屬悉來觀
我
尒時復有五百梵志來在河邊因到我所各
相謂言云何而得金剛之身若使瞿曇不說
斷見我當從其啟受齋法善男子我於尒時
以他心智知是梵志心之所念告梵志言云
何謂我說於斷見彼梵志言瞿曇先於處處

BD01080　大般涅槃經卷二七

以他心知知是梵志心之而念告梵志言云
何謂我說於斷見彼梵志言瞿曇先於處
经中說諸衆生悉无有我既言无我云何而
言非斷見耶若无我者持戒者誰破戒者誰
佛言我亦不說一切衆生悉无有我〻常宣
說一切衆生悉有佛性〻〻者豈非我耶以
是義故我不說斷一切衆生不見佛性故无
常无我无樂无淨如是則名說斷見也時諸
梵志聞說佛性即是我故即發阿耨多羅三
藐三菩提心即時出家循菩提道一切飛鳥
水陸之屬亦發无上菩提之心既發心已尋得
捨身善男子是佛性者實非我也為衆生故
說名為我善男子如来有因緣故〻說无
我為我真實无我雖作是說无有虛妄善
男子有因緣故說我為无我而實有我為世

尒時師子吼菩薩摩訶薩言世尊若一切衆生
悉有佛性如金剛力士者以何義故一切衆
生不能得見佛言善男子譬如色法雖有青
黄赤白之異長短質像盲者不見雖復不見
亦不得言无有青黄赤白長短質像何以故
盲雖不見有目見故佛性亦尒一切衆生雖
不能見十住菩薩見少分故如来全見十住
菩薩所見佛性如夜見色如来所見如晝見
色善男子譬如瞎者見色不了有善良醫而
為治目以藥力故得了了見十住菩薩亦復如
是雖見佛性不能明了以首楞嚴三昧三昧力
故能得明了善男子若有人見一切諸法无
常无我无樂无淨見非一切法无常无樂无
我无淨如是之人不見佛性一切者名為生
死非一切者名為三寶聲聞緣覺見一切法无

[illegible]
死非一切者名為三寶聲聞緣覺見一切法无
常无我无樂无淨非一切法亦見无常无我无樂
无淨以是義故不見佛性十住菩薩見一切
法无常无我无樂无淨非一切法分見常樂
淨以是義故十分之中得見一分諸佛世尊
見一切法无常无我无樂无淨非一切法見
常樂我淨以是義故見於佛性如觀掌中阿
摩勒菓以是義故首楞嚴定名為畢竟善男
子譬如初月雖不可見不得言无佛性亦尒
一切凡夫雖不得見亦不得言无佛性也善
男子佛性者所謂十力四无所畏大悲三念
處一切衆生悉有三種破煩惱故然後得見
一闡提等破一闡提然後能得十力四无所
畏大悲三念處以是義故我常宣說一切衆

无明過去業者則名為行現在世中初始受
始是名為識入胎五分四根未具名為名色
具足四根未名觸時是名六入未别苦樂是
名為觸染習一愛是名為受習近五欲是名
為愛内外貪求是名為取為内外事起身口
意業是名為有現在世識名未來生現在
名色六入觸受名未來世老病死也是名十二
因緣善男子一切衆生雖有如是十二因緣或
有未具如歌羅〻時死則无十二從生乃至
老死得具十二色界衆生无三種受三種觸
三種愛无有老病亦得名為具足十二无
色衆生无色乃至无有老死亦得名為具足
十二以定得故〻名衆生平等具有十二因
緣善男子佛性亦尒一切衆生定當得成阿
耨多羅三藐三菩提是故是故我說一切衆

BD01080　大般涅槃經卷二七

緣善男子佛性亦尒一切衆生定當得成阿
耨多羅三藐三菩提故是故我說一切衆生
悉有佛性善男子雪山有草名為忍辱牛若
食之則出醍醐更有異草牛若食者則无醍
醐雖无醍醐不可說言雪山之中无忍辱草
佛性亦尒雪山者名為如來忍辱者草名大
涅槃異草者名十二部經衆生若能聽受諮
啓大般涅槃則見佛性十二部中雖不聞有
不可說言无佛性也善男子佛性者亦色非
色非色非非色亦相非相非相非非相亦一
非一非一非非一非常非斷非非常非非斷
亦有亦无非有非无亦盡非盡非盡非非盡
亦因亦果亦果非因非果亦義非義非義非非義
亦字非字非字非非字云何為色金剛身故
云何非色十八不共法非色法故云何非色非

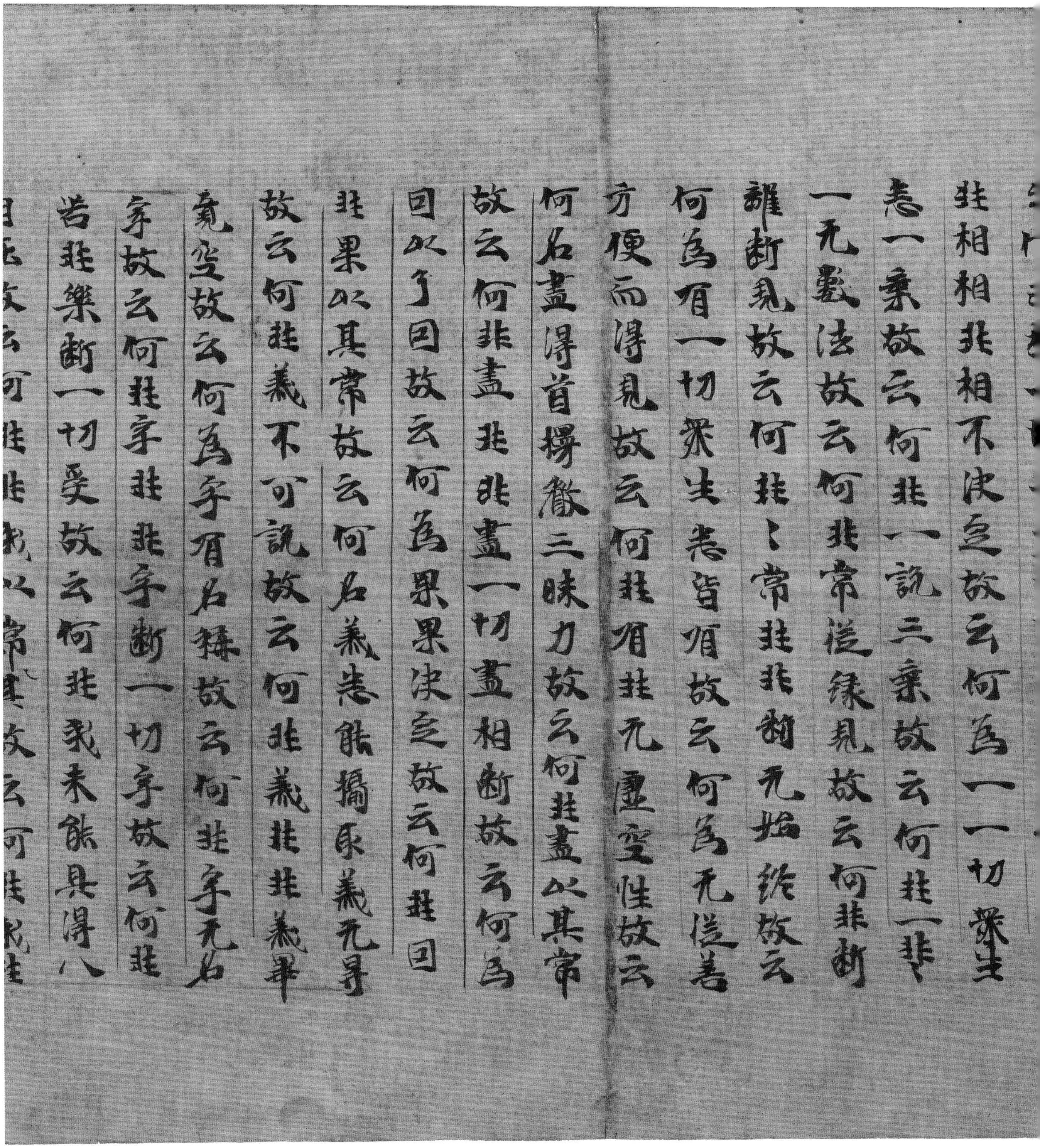

非相相非相不決定故云何為一一切眾生
悉一乘故云何非一說三乘故云何非一非非
一无數法故云何非常從緣見故云何非斷
離斷見故云何非非常非非斷无始終故云
何為有一切眾生悉皆有故云何為无從善
方便而得見故云何非有非无虛空性故云
何名盡得首楞嚴三昧力故云何非盡以其常
故云何非盡非非盡一切盡相斷故云何為
因以了因故云何為果果決定故云何非因
非果以其常故云何名義悉能攝取義无㝵
故云何非義不可說故云何非義非非義畢
竟空故云何為字有名稱故云何非字无名
字故云何非字非非字斷一切字故云何非
苦非樂斷一切受故云何非我未能具得八
自在故云何非非我以常住故云何非

若非樂斷一切受故云何非我未能具得八
自在故云何非非我以常其故云何非我非
非我不作不受故云何為空第一義空故云
何非空以其常故云何非空非非空能為善
法作種子故善男子若有人能思惟解了大涅
槃經如是之義當知是人則見佛性佛性者
不可思議乃是諸佛如來境界非諸聲聞緣
覺所知善男子佛性者非陰界入非本无今
有非已有還无從善因緣衆生得見譬如黑
鐵入火則赤出冷還黑而是黑色非內非外
因緣故有佛性亦尒一切衆生煩惱火滅則
得聞見善男子如種滅已牙則得生而是牙
性非內非外乃至華菓亦復如是從緣故有
善男子是大涅槃微妙經典成就具足无量
功德佛性亦尒悉是无量无邊功德之所成

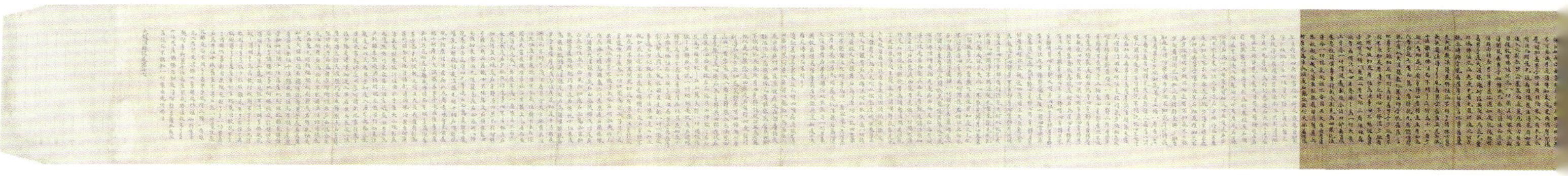

成就衆法得了了見善男子菩薩具足成就
十法雖見佛性而不明了云何為十一者少
欲二者知足三者寂靜四者精進五者正念
六者正定七者正慧八者解脫九者讚歎解
脫十者以大涅槃教化衆生師子吼菩薩言
世尊少欲知足有何差別善男子少欲者不
求不取知足者得少之時心不悔恨少欲者
少有所欲知足者但為法事心不愁惱善男
子欲有三種一者惡欲二者大欲三者欲欲惡
欲者若有比丘心生貪欲欲為一切大衆
上首令一切僧隨逐我後令諸四部悉皆供
養恭敬讚歎尊重於我令我先為四衆說法
皆令一切信受我語亦令國王大臣長者皆
恭敬我令我大得衣服飲食臥具醫藥上
妙屋宅為生死欲是名惡欲云何大欲若有比

恭敬我令我大得衣服飲食臥具醫藥上
妙屋宅為生死欲是名惡欲云何大欲若有比
丘生於欲心云何當令四部之眾悉皆知我
得初住地乃至十住得阿耨多羅三藐三
菩提得阿羅漢果乃至須陁洹果我得四禪
乃至四无礙智為於利養是名大欲〻〻者若
有比丘欲生梵天魔天自在天轉輪聖王若
剎利若婆羅門皆得自在為利養故是名欲
欲若不為是三種惡欲之所害者是名少欲
欲者名為廿五有愛无有如是廿五愛是名少
欲不求未來所欲之事是名少欲得而不著
是名知足不求恭敬是名欲少得不積聚是
名知足善男子有少欲不名知足有知足不
名少欲有亦少欲亦知足有不知足不少欲
少欲者謂須陁洹知足者謂辟支佛少欲者

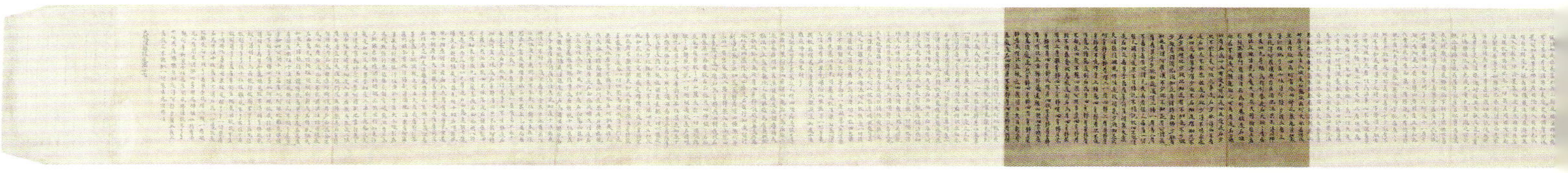

不善不善者所謂凡夫善者聖人菩薩一切
聖人雖得道果不自稱說不稱說故心不悔恨
是名知足善男子菩薩摩訶薩脩集大乘
大涅槃經欲見佛性是故脩集少欲知足云
何寂靜寂靜者有二一者心靜二者身靜身
寂靜者不造作身三種惡心寂靜者亦不造
作意三種惡是則名為身心寂靜身寂靜者
不親近四衆不豫四衆所有事業心寂靜者
終不脩集貪欲恚癡是則名為身心寂靜或
有比丘身雖寂靜心不寂靜有心寂靜身不
寂靜有身心寂靜又有身心俱不寂靜身寂靜
者或有比丘坐禪靜處遠離四衆心常積聚
貪恚瞋癡是名身寂靜心寂靜心者寂靜身不
靜者或有比丘親近四衆國王大臣斷貪恚
恚癡是名心靜身不寂靜身心寂靜者謂佛

靜者[illegible]
恚癡是名心靜身不寂靜身心寂靜者謂佛
菩薩身心不寂靜者謂諸凡夫何以故凡夫
之身人心雖淨不能深觀无常无樂无我无
淨以是義故凡夫之人不能寂靜身口意業
一闡提輩犯四重禁作五逆罪如是之人亦
不得名身心寂靜云何精進若有比丘欲令
身口意業清淨遠離一切諸不善業脩集一
切諸善業者是名精進是懃進者繫念六處
所謂佛法僧戒施天是名正念具正念者所
得三昧是名正定具正定者觀見諸法猶如
虛空是名正慧具正慧者遠離一切煩惱諸
結是名解脫得解脫者為諸衆生稱美解脫
言是解脫常恒不變是名讚嘆解脫即是无
上大般涅槃涅槃者即是煩惱諸結火滅又

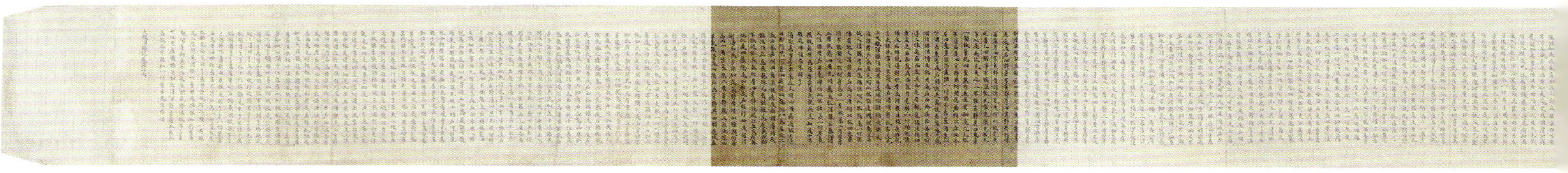

怖畏故又涅槃者名為洲渚何以故四大暴
河不能漂沒故何等為四一者欲暴二者有暴
三者見暴四者无明暴是故涅槃名為洲渚
又涅槃者名畢竟歸何以故能得一切畢竟
樂故若有菩薩摩訶薩成就具足如是十法
雖見佛性而不明了
復次善男子出家之人有四種病是故不得
四沙門果何等四病謂四惡欲一為衣欲二
是出家病有四良藥能療是病謂糞掃衣
能治比丘為衣惡欲乞食能破為食惡欲樹
下能破臥具惡欲身心寂靜能破比丘為有惡
欲以是四藥除是四病是名聖行如是聖行
則得名為少欲知足寂靜者有四種樂何等
為四一者出家樂二者寂靜樂三永滅樂四
畢竟樂得是四樂名為寂靜具四精進故名

BD01080　大般涅槃經卷二七

為四一者出家樂二者寂靜樂三永滅樂四
畢竟樂得是四樂名為寂靜具四精進故名
精進具四念處故名正念具四禪故〻名正
定見四聖實故〻名正慧永斷一切煩惱結
故〻名解脫何説一切煩惱過故是名讚嘆
解脫善男子菩薩摩訶薩安住具足如是十
法雖見佛性而不明了復次善男子菩薩摩
訶薩聞是經已親近修集遠離一切世間之
事是名少欲既出家已不生悔心是名知足
既知足已近空閑處遠離憒閙是名寂靜不
知足者不樂空閑夫知足者常樂空寂於空
寂處常作是念一切世間悉謂我得沙門道
果然我今者實不能得我今云何誑惑於人
作是念已精勤修集沙門道果是名精進親
近修集大涅槃者是名正念隨順天行是名

爲衆生故稱美涅槃是則名爲讚嘆解脫善
男子菩薩摩訶薩安住具足如是十法雖見
佛性而不明了復次善男子夫少欲者若有
比丘住空閑處端坐不卧或住樹下或在塚
間或在露處隨有草地而坐其上乞食而食
隨得爲足或一坐食不過一食唯畜三衣芻
衣毛衣是名少欲既行是事心不生悔是名
知足脩空三昧是名寂靜得四果已於阿耨
多羅三藐三菩提心不休息是名精進繫心
思惟如來常恒无有變易是名正念脩八解
脫是名正定得四无㝵是名正慧遠離七漏
漏是名解脫稱美涅槃无有十相名嘆解脫
脫十相者謂生老病死色聲香味觸无常遠
離十相名大涅槃善男子是菩薩摩訶薩
安住具足如是法雖見佛性而不明了復次善

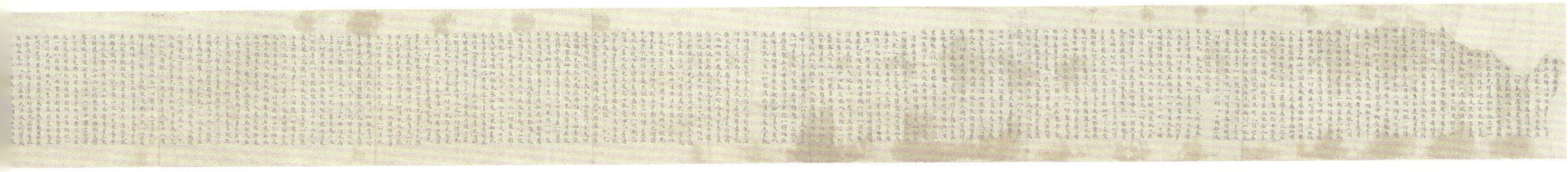

離十相者名大涅槃善男子是菩薩摩訶薩
安住具足如是法雖見佛性而不明了須陀洹善
男子為多欲故親近國王大臣長者刹利婆
羅門毗舍首陁自稱我得須陁洹果至阿羅
漢果為利養故行住坐卧乃至大小便利若
見檀越猶行恭敬接引語言破惡欲者名為
少欲雖未能壞諸結煩惱而能同於如來行
處是名知足善男子如是二法乃是念定近
因緣也常為師宗同學所讃我亦常於處處
經中稱美讃嘆如是二法若能具足是二法
者則得近於大涅槃門及五種樂是名寂靜
堅持戒者名為精進有慚愧者名正為念不
見心相者名為正定不求諸法性相因緣是
名正慧無有相故煩惱則斷是名解脫稱美
如是大涅槃經名讃解脫善男子是名菩薩

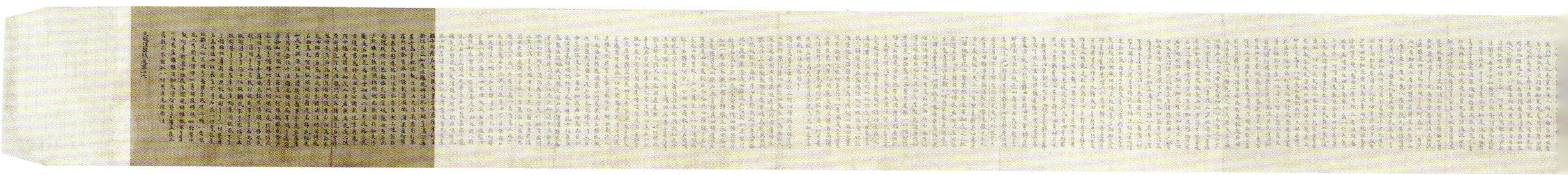

而不明了諸佛世尊以何眼故見於佛性而
得明了善男子慧眼見故不得明了佛眼見
故故得明了為菩提行故則不了了若无行
故則得了了住十住故雖見不了不住不去
故則得了了菩薩摩訶薩智慧因故見不了
了諸佛世尊斷因果故見則了了一切覺者
名為佛性十住菩薩不得名為一切覺故是
故雖見而不明了善男子見有二種一者眼
見二者聞見諸佛世尊眼見佛性如於掌中
觀阿摩勒菓十住菩薩聞見佛性故不了了
十住菩薩雖能自知定得阿耨多羅三藐三
菩提而不能知一切衆生悉有佛性

大般涅槃經卷第廿七

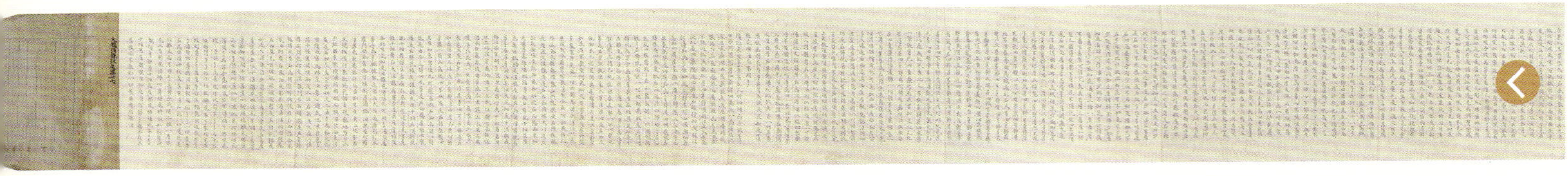

大般涅槃經卷第廿七

BD01081 維摩詰所説經卷下

（後秦）鳩摩羅什 譯

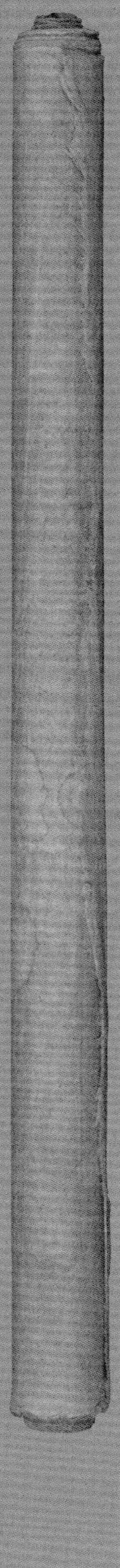

110cm×27.5cm

彼國時妙喜世界於此國土所應饒益其事訖已還復本處舉衆皆見佛告舍利
弗汝見此妙喜世界及无動佛不唯然已見世尊願使一切衆生得清淨土如无動佛
獲神通力如維摩詰世尊我等快得善利得見是人親近供養其諸衆生若今現
在若佛滅後聞此經者亦得善利况復聞已信解受持讀誦解說如法脩行若
有手得是經典者便為已得法寶之藏若有讀誦解釋其義如說脩行則為諸佛
之所護念其有供養如是人者當知則為供養於佛其有書持此經卷者當知
其室則有如來若聞是經能隨喜者斯人則為取一切智若能信解此經乃至一四句
偈為他說者當知此人即是受阿耨多羅三藐三菩提記

法供養品第十三

尒時釋提桓因於大衆中白佛言世尊我雖從佛及文殊師利聞百千經未曾聞此
不可思議自在神通決定實相經典如我解佛所說義趣若有衆生聞是經法信
解受持讀誦之者必得是法不疑何况如說脩行斯人則為閉衆惡趣開諸善門
常為諸佛之所護念降伏外學摧滅魔怨脩治菩提安處道場履踐如來所行
之跡世尊若有受持讀誦如說脩行者我當與諸眷屬供養給事所在聚落
城邑山林曠野有是經處我亦與諸眷屬聽受法故共到其所其未信者當令
生信其已信者當為作護佛言善哉善哉天帝如汝所說吾助尒喜此經廣說過
去未來現在諸佛不可思議阿耨多羅三藐三菩提是故天帝若善男子善女人受
持讀誦供養是經者則為供養去來今佛天帝正使三千大千世界如來滿中譬如

一切華香瓔珞幢幡伎樂微妙第一若一劫若減一劫而供養之於天帝意云何其人殖
福寧為多不釋提桓因言多矣世尊彼之福德若以百千億劫說不能盡佛告天帝
當知是善男子善女人聞是不可思議解脫經典信解受持讀誦脩行福多於彼
所以者何諸佛菩提皆從是生菩提之相不可限量以是因緣福不可量
佛告天帝過去无量阿僧祇劫時世有佛号曰藥王如來應供正遍知明行足善
逝世間解无上士調御丈夫天人師佛世尊世界曰大莊嚴劫曰莊嚴佛壽廿小劫
其聲聞僧卅六億那由他菩薩僧有十二億天帝是時有轉輪聖王名曰寶蓋七
寶具足主四天下王有千子端正勇健能伏怨敵尒時寶蓋與其眷屬供養藥王
如來施諸所安至滿五劫過五劫已告其千子汝等亦當如我以深心供養於佛於是
千子受父王命供養藥王如來復滿五劫一切施安其王一子名曰月蓋獨坐思惟寧有供
養殊過此者以佛神力空中有天曰善男子法之供養勝諸供養即問何謂法之供
養天曰汝可往問藥王如來當廣為汝說法之供養即時月蓋王子行詣藥王
如來稽首佛足却住一面白佛言世尊諸供養中法供養勝云何為法供養佛
佛言善男子法供養者諸佛所說深經一切世間難信難受微妙難見清淨无染非
但分別思惟之所能得菩薩法藏所攝陁羅尼印印之至不退轉成就六度善分
義順菩提法衆經之上入大慈悲離衆魔事及諸邪見順因緣法无我无人无衆生
无壽者命空无相无作无起能令衆生坐於道場而轉法輪諸天龍神乾闥婆等
所共歎譽能令衆生入佛法藏攝諸賢聖一切智慧說衆菩薩所行之道依於諸法

所共歎譽能令衆生入佛法藏攝諸賢聖一切智慧說衆菩薩所行之道依於諸法
實相之義明宣无常苦空无我寂滅能救一切毀禁衆生諸魔外道及貪著者能使
怖畏諸佛賢聖所共稱歎背生死苦示涅槃樂十方三世諸佛所說若聞如是等經
信解受持讀誦以方便力為諸衆生分別解說顯示分明守護法故是名法之供養又
於諸法如說脩行隨順十二因緣離諸邪見得无生忍決定无我无有衆生而於因
緣果報无違无諍離諸我所依於義不依語依於智不依識依了義經不依不了
義經依於法不依人隨順法相无所入无所歸无明畢竟滅故諸行亦畢竟滅乃至生畢
竟滅故老死亦畢竟滅作如是觀十二因緣无有盡相不復起見是名最上法之供養
佛告天帝王子月蓋從藥王佛聞如是法柔得順忍即解寶衣嚴身之具以供養佛
白佛言世尊如來滅後我當行法供養守護正法願以威神加哀建立令我得降伏
魔怨脩菩薩行佛知其深心所念而記之曰汝於末後守護法城天帝時王子月蓋見
法清淨聞佛受記以信出家脩集善法精進不久得五神通通菩薩道得陀羅尼
无斷辯才於佛滅後以其所得神通揔持辯才之力滿十小劫藥王如來所轉法輪隨
而分布月蓋比丘以守護法勤行精進即於此身化百萬億人於阿耨多羅三藐三菩提
立不退轉十四那由他人深發聲聞辟支佛心无量衆生得生天上天帝時王寶蓋豈
異人乎今現得佛号寶炎如來其王千子即賢劫中千佛是也從迦羅鳩孫馱為始
得佛最後如來号曰樓至月蓋比丘則我身是如是天帝當知此要以法供養於諸
供養為上為最第一无比是故天帝當以法之供養供養於佛

提法付嘱於汝如是輩经於佛滅後末世之中汝等當以神力廣宣流布於閻浮提无
令斷絶所以者何未来世中當有善男子善女人及天龍鬼神乹闥婆羅刹等發
阿耨多羅三藐三菩提心樂于大法若使不聞如是等经則失善利如此輩人聞是
等经必多信樂發希有心當以頂受隨諸衆生所應得利而為廣説弥勒當知
菩薩有二相何謂為二一者好於雜句文飾之事二者不畏深義如實能入若好雜句
文飾事者當知是為新學菩薩若於如是无染无著甚深经典无有恐畏能入
其中聞已心淨受持讀誦如説脩行當知是為久脩道行弥勒復有二法名新
學者不能决定於甚深法何等為二一者所未聞深经聞之驚怖生疑不能隨順毀
謗不信而作是言我初不聞從何所来二者若有護持解説如是深经者不肯親
近供養恭敬或時於中説其過惡有此二法當知是新學菩薩為自毀傷不能
於深法中調伏其心弥勒復有二法菩薩雖信解深法猶自毀傷而不能得无
生法忍何等為二一者輕慢新學菩薩而不教誨二者雖解深法而取相分别是為
二法弥勒菩薩聞説是已白佛言世尊未曾有也如佛所説我當遠離如斯之惡
奉持如来无數阿僧祇劫所集阿耨多羅三藐三菩提法若未来世善男子善女
人求大乘者當令手得如是等经與其念力使受持讀誦為他廣説世尊若後末世
有能受持為他説者當知是弥勒神力之所建立佛言善哉善哉弥勒如汝所説佛
助尒喜於是一切菩薩合掌白佛我等亦於如来滅後十方國土廣宣流布阿耨多
羅三藐三菩提復當開導諸説法者令得是经

尒時四天王白佛言世尊

羅三藐三菩提復當開導諸說法者令得是經　尒時四天王白佛言世尊
在在處處城邑聚落山林曠野有是經卷讀誦解說者我當率諸官屬為
聴法故往詣其所擁護其人面百由旬令无伺求得其便者是時佛告阿難受
持是經廣宣流布阿難言唯我已受持要者世尊當何名斯經佛告阿難是
經名為維摩詰所說亦名不可思議解脫法門如是受持佛說是經已長者維
摩詰文殊師利舍利弗阿難等及諸天人阿脩羅一切大衆聞佛所說皆大歡喜作礼而
去

維摩詰所說經一部

BD01082 大比丘尼羯磨

423.5cm × 28cm

身口口身安樂不懺悔不安樂憶念
身安樂不懺不安樂憶念犯發露知而
淨戒身具足清淨布薩　如是三說受懺者應言諾
答言尒諾
僧明日還此比丘尼衣羯磨文　大姊僧聽此比丘尼某甲故畜
尒許長衣過十日犯捨墮此衣已捨与僧若僧時到僧忍聽僧今持此
衣還此比丘尼衣某甲白如是　大姊僧聽此比丘尼某甲故
畜尒所長衣過十日犯捨墮此衣已捨与僧〻今還此比丘尼某甲
比丘尼衣誰諸大姊忍僧今還此比丘尼某甲衣者嘿然誰不
忍者說僧已忍還比丘尼某甲衣竟僧忍嘿然故是事如
是持　捨与三人二人一人亦如是尒二人三人中受懺者語應〻還人作如是言
尼僧差人教授羯磨文　大姊僧聽若僧到時僧忍聽僧今

丘尼僧中求教授誰諸大姊忍僧差某甲為比丘尼僧故半月往比
丘尼僧中求教授者嘿然誰不忍者說僧已忍差某甲為比丘
尼僧故半月往比丘尼僧中求教授竟僧忍嘿然故是事如是持
須一人為伴半月往大僧中詣比丘所和僧已
曲身低頭合掌白如是請言　大德一心念某甲寺舍比丘尼僧差我比
丘尼某甲衆僧合和、私比丘尼足之求教授　如是三說受囑比丘僧 說戒時應如是白言　大德僧聽
僧聽某甲寺舍比丘尼僧差某甲衆僧和合私大德僧足求教授
如是三說　比丘尼明日應往門可不比丘應期往比丘尼應期迎比丘期不往
者突吉羅比丘尼期迎不迎者亦突吉羅若比丘尼聞教授師當
半道迎至寺內供給所須洗浴具美羹餅飯食菓蓏如此供養
若不突吉羅　若比丘僧病若衆不和合不滿還往禮拜問訊
若比丘尼盡病若衆不和合若衆不滿亦當信禮拜問訊若不
往者突吉羅　如是懺悔

往者突吉羅 懺悔

說戒及欲清淨法第四 與欲及清淨文 與欲法不酒稱衆 所作事但自稱言 大姊僧一心

念我比丘尼某甲有佛法僧事我如法僧事與欲清淨 盾人有五 事與欲 若言

與汝欲 若言我說欲 若言為說欲 若現身相 若廣說盡成與欲

若不成與欲自恣時與欲亦爾 但言我與自恣欲為異耳

受欲清淨文 隨能憶相姓字受少淨受 至僧中應如是說之也 大姊心念衆女比丘尼有佛法僧

事我與衆女比丘尼受欲及清淨 如法僧事與欲及清淨 布薩

說戒 布薩日若小會若大會 上上坐應唱言 今日布薩日某時衆僧集堂說戒 若四人

未白已但後說戒白者如是戒序中說 大姊心念今日衆僧十五日說戒我比丘尼 若四人應

若三人若二人若〻相向說也 今日衆僧十五日說戒我比丘尼某甲清淨

某甲清淨 如是三說 依後著 坐者又應心念

如是三說

八難事起及有餘緣略戒文 八難者王難賊難火難水難病難

非人難惡虫難是為八難及有餘緣者大衆集掃坐少若衆女病大衆

說戒應隨事遠近可廣說便廣說不者如法治可略說便略說不如法
治若難事近不得略說即應從坐去　依僧祇律略說戒法
如常持筆廣說戒序八事三問清淨竟次應說戒　諸大姊僧是十九僧伽婆尸沙法僧常聞諸大姊
是卅尼薩耆波逸提法僧常聞　諸大姊是百卌波逸提法僧常聞
諸大姊是八波羅提〻舍尼法僧常聞　諸大姊是衆學法僧常聞
諸大姊是七滅諍法僧常聞　七滅諍已下如常廣說不得唱僧常此七偈已是說法戒不得使沙弥聞懃第三第四略說法准初可知
八敬法文　何等爲八　一者雖百歲比丘尼見新受比丘應起迎礼
拜与敷淨坐具此法應尊重讃嘆盡形壽不得違　二者比丘尼不應
罵比丘呵嘖比丘不應非謗言破戒破見破威儀此法應尊重讃嘆
盡形壽不得違　三者比丘尼不應爲比丘作擧作憶念作自言不應
遮他覔罪說戒自恣不應呵比丘尼此法應尊重讃嘆盡形壽不得違
四者式叉摩尼學戒已從比丘僧乞受大戒此法應尊重讃嘆

[illegible]應尊重讚嘆盡形壽不得違

四者式叉摩尼學戒已從比丘僧乞受大戒此法應尊重讚嘆
不得違盡形壽不得違　五者比丘尼犯僧殘罪應在二部僧中
半月行摩那埵此法應尊重讚嘆盡形壽不得違　六者比丘尼
半月從僧乞教授此法應尊重讚嘆盡形壽不得違　七者比丘尼
不應在無比丘僧處夏安居此法應尊重讚嘆盡形壽不得違
八者比丘尼僧安居竟應往比丘僧中求三事自恣見聞疑此法應
尊重讚嘆盡形壽不得違　說八不可違已然後隨意說法

安居及分房臥具法文　大姊一心念我比丘尼某甲依某甲聚
落某僧伽藍某甲房舍前三月夏安居房舍孔破脩故　如是三說
依某甲持律若有疑事當往問　後安居亦如是皆言後三月夏安居為異

受七日法文　大姊一心念我比丘尼某甲受七日法出界外為某事
故還此中安居白大姊令知　如是三說

[illegible]過七日法文　大姊僧[illegible]

与過七日法文　大姊僧聽若僧時到僧忍聽此比丘尼某甲
受過七日法若十五日一月出界外為某事故還此中安居白如是
大姊僧聽比丘尼某甲受過七日法若十五日一月出界外為某事故還
此中安居誰諸大姊忍比丘尼某甲受過七日法若十五日一月出界外為
某事還此安居者嘿然誰不忍說僧已忍与某甲比丘尼受過七日法
若十五日一月出界外為某事故還此中安居竟僧忍嘿然故是事如是持
比丘尼安居竟差尼往大僧中求自恣文　大姊僧聽若僧時到
僧忍聽僧今差比丘尼某甲為比丘尼僧故往大僧中說三事自
恣見聞疑白如是　大姊僧今差比丘尼某甲為某比丘尼僧故往大僧中
說三事自恣見聞疑誰諸大姊忍僧差比丘尼某為比丘尼僧故往大僧
中說三事自恣見聞疑者嘿然誰不忍者說僧已忍差比丘尼某甲
為比丘尼僧故往大僧中說三事自恣竟僧忍嘿然故是事如是持

中說三事自恣見聞疑，若嘿然，誰不忍者說。僧已忍差比丘尼某甲
為比丘尼僧故，往大僧中說三事自恣竟。僧忍，嘿然故，是事如是持。
二比丘尼為伴，往大僧中於僧前已，
曲身偏袒合掌作如是說：　大德僧聽：某寺比丘尼僧夏安居竟，比丘僧
夏安居竟，比丘尼說三事自恣見聞疑。大德慈愍語我，我若見罪，
如法懺悔。第二第三亦如是說。　彼受比丘尼僧自恣日，便自恣，而皆應如佛言。不應
尒。若比丘尼僧十四日自恣，比丘尼僧十五日自恣。若大僧病，若衆不和合，
若衆不滿，比丘尼應遣信禮拜問訊，不者突吉羅。若比丘尼衆病，
若不和合，若衆不滿，比丘尼亦當遣信禮拜問訊，不者突吉羅。
自恣及受功德衣法。僧差自恣人羯磨文　大姊僧聽：若僧時
到，僧忍聽，僧差比丘尼某甲作自恣人。白如是。　大姊僧聽：僧差比
丘尼某甲作受自恣人。誰諸大姊忍僧差比丘尼某甲作受自恣人者
嘿然，誰不忍者說。僧已忍差比丘尼某甲作受自恣人竟。僧忍嘿
然，故是事如是持。

忍聽僧今和合自恣白如是　大姊心念衆僧今日自恣我比丘尼
某甲亦復自恣若見聞疑罪大姊慈愍故當語我我若見知罪當如
法懺悔
若四人更互自恣文　大姊心念衆僧今日自恣我比丘尼某甲
亦清淨自恣衆僧今日自恣我比丘尼某甲亦清淨
八難事起白僧各各三語自恣文　大姊僧聽今有難事若僧
時到僧忍聽僧今各各三語自恣白如是
白受功德衣文　大姊僧聽今日衆僧受功德衣若僧時到僧忍
聽僧今和合受功德衣白如是
差持功德衣人文　大姊僧聽若僧時到僧忍聽僧差比丘尼
某甲為僧持功德衣白如是　大姊僧聽僧差比丘尼某甲為僧持
功德衣誰諸大姊忍差僧比丘尼某甲為僧持功德衣者嘿然不忍
者說僧已忍差比丘尼某甲為僧持功德衣竟僧忍嘿然故是事

功德衣誰諸大姊忍差僧比丘尼某甲為僧持功德衣者嘿然誰不忍
者說僧已忍差比丘尼某甲為僧持功德衣竟僧忍嘿然故是事
如是持　羯磨衣與持功德衣人文　大姊僧聽此住處得可分
衣現前僧應分若僧時到僧忍聽僧今持此衣與某甲比丘尼此比丘
尼某甲當持此衣為僧受作功德衣依持此住處持白如是
大姊僧此住處僧得可分現僧前應分僧今持此衣與比丘尼某甲
此比丘尼某甲當持此衣為僧受作功德衣於此住處持誰諸大姊
忍僧持此衣與比丘尼某甲比丘尼某甲當持此衣為僧受作功德衣
於此住處持日嘿然誰不忍者說僧已忍持此衣與比丘尼某甲比丘
尼某甲當持此衣為僧受作功德衣於此住處持竟僧忍嘿然故是
如是持
持功德衣人持衣眾僧前白文　大姊僧聽今日眾僧受功德
衣若僧時到僧忍聽僧今和合受功德衣白如是　白已衣搖文

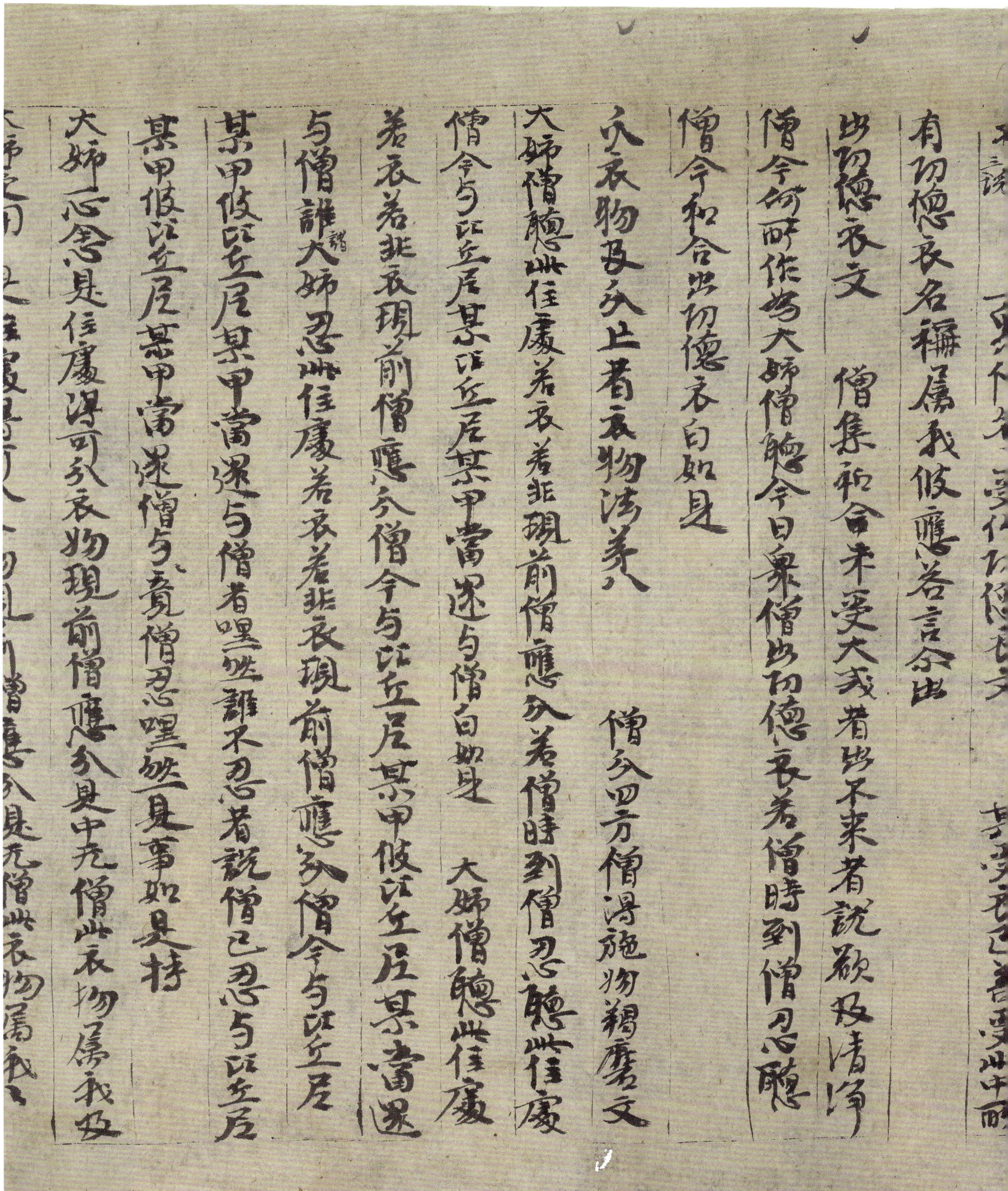

有功德衣名稱屬我彼應答言尒出

出功德衣文　僧集和合未受大戒者出不来者説欲及清淨

僧今何所作答大姊僧聽今日衆僧出功德衣若僧時到僧忍聽

僧今和合出功德衣白如是

分衣物及分亡者衣物法第八　僧分四方僧得施物羯磨文

大姊僧聽此住處若衣若非衣現前僧應分若僧時到僧忍聽此住處

僧今与比丘尼某比丘尼某甲當還与僧白如是　大姊僧聽此住處

若衣若非衣現前僧應分僧今与比丘尼某甲彼比丘尼某當還

与僧誰諸大姊忍此住處若衣若非衣現前僧應分僧今与比丘尼

某甲彼比丘尼某甲當還与僧者嘿然誰不忍者説僧已忍与比丘尼

某甲彼比丘尼某甲當還僧与〻竟僧忍嘿然是事如是持

大姊一心念是住處得可分衣物現前僧應分是中无僧此衣物屬我及

BD01082　大比丘尼羯磨

大姊一心念是住處得可分衣物現前僧應分是中无僧此衣物屬我安
大姊受用　是住處得可分衣物現前僧應分是无僧此衣物屬我、
受用　如是三說
看病人持亡者衣物至僧中白文　大姊僧聽比丘尼某甲此住處
命過者所有衣鉢坐具針筒盛衣褶器此住處現前僧應分
亡比丘尼衣物與看病人文　大姊僧聽比丘尼某甲命過所有衣鉢
坐具針筒盛衣褶器現前僧應分若僧時到僧忍聽僧今與比丘尼
某甲看病人白如是　大姊僧聽比丘尼某甲命過所有衣鉢坐具針
筒盛衣褶器現前應分僧今與比丘尼某甲看病人誰諸大姊忍僧與
比丘尼某甲看病人衣鉢坐具針筒盛衣褶器者嘿然誰不忍者說僧已
與比丘尼某甲看病人衣鉢坐具針筒盛衣褶器竟僧忍嘿然故是
事如是持
僧分亡者餘衣物文　大姊僧比丘尼某甲命過所有若

甲命過所有若衣若非衣現前僧應分僧今与比丘尼某
甲比丘尼某甲當還与僧誰諸大姉忍比丘尼某甲命過
所有若衣若非衣現前僧應分僧今与比丘尼某甲比丘尼某
甲當還与僧者嘿然誰不忍者説僧已忍与比丘尼某甲
比丘尼某甲當還与僧竟僧忍嘿然故是事如是持
若一若二人分亡者衣物文　大姉一心念比丘尼某甲命過所有
若衣若非衣現前僧應分此住處无僧是衣物屬我及姉大
姉及我受用　比丘尼某甲命過所有衣物若衣若非衣
現前僧應分此住處无僧是衣物屬我我受用
爲自乞作小房文　大姉僧聽我比丘尼某甲自乞作房无主
自爲已我從僧乞知无難處无妨處　大姉僧聽我比丘
尼某甲自乞僧作房无主自爲已今從僧乞處分无難處无

尼某甲自乞僧作房无主自為已今從僧乞處分无難處无
妨處羯磨僧時到僧忍聽僧今與比丘尼某甲處分无難處无
妨處白如是　　大姊僧聽此比丘尼某甲自乞作房无自為已今
從僧乞處分无難處无妨處誰諸大姊忍僧與比丘尼某甲
處分无難處无妨處竟僧忍嘿然故是事如是持
老病比丘尼乞畜杖絡囊文　　大姊僧聽我比丘尼某甲老
病不能杖絡囊而今衆僧乞畜杖絡囊願僧聽我畜杖絡
囊哀愍故　　大姊僧聽比丘尼某甲老病不能无杖絡囊
而行今從衆僧乞畜杖絡囊羯磨僧時到僧忍聽僧今聽此
比丘尼某甲畜杖絡囊白如是　　大姊僧聽比丘尼某甲老病
不能无杖絡囊而行今從衆僧乞畜杖絡囊僧今聽此比丘尼
某甲畜杖絡囊誰諸大姊忍僧今聽此比丘尼某甲畜杖絡

非時入村囑授文　大姊一心念我比丘尼某甲非時入某甲聚落至
某甲家為如是事白大姊令
受請已食前食後入村囑授文
大姊一心念我比丘尼某甲今受某甲請有緣事欲入某甲聚落至甲
家白大姊令知
蓄寶請施文　大姊一心念我比丘尼某甲有此長衣未作淨今當請
施大姊為蓄寶淨故
七法藥法中文　佛言從日不聽汝作淨羯磨若作得突吉羅
羅先作者應捨　此揩淨地文處處有
依十誦不聽結淨地一切僧食具須淨人白衣作食施主請言衆僧
今請作食施主僧家所有一切生熟食具皆作檀越物意施衆
僧受用如是淨施主許作覓僧家自有及餘處得來但受

僧受用如是淨施主許作覓僧家自有及餘處得來但使
屬僧一切生熟之食悉不犯内宿内煮若先不作淨今始欲立者
先所有瓮器大僧觸者盡不淨將与比丘尼及白衣家博換所
得器大僧不得手觸若同鐵器火燒即淨不須博換若寺先有造
檀越亦須請作施主何以如此衆僧家物不必盡是檀越家所
出物要須請作施主竟後更餘處得來者亦屬此一檀越衆僧
得淨依十誦律作種淨法易感无罪若依餘律結淨地難成難復

大比丘尼羯磨一卷

BD01083 大般若波羅蜜多經卷二六五

（唐）玄奘 譯

46.6cm × 25.4cm

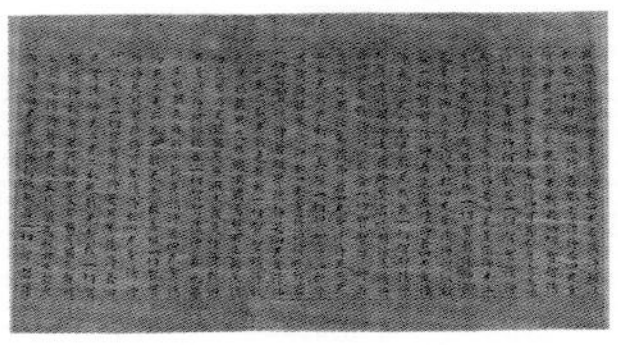

故眼處清淨眼處清淨故四无量清淨何以
故若一切智智清淨若眼處清淨若四无量
清淨无二无二分无别无斷故一切智智清
淨故耳鼻舌身意處清淨耳鼻舌身意處清
淨故四无量清淨何以故若一切智智清淨
若耳鼻舌身意處清淨若四无量清淨无二
无二分无别无斷故善現一切智智清淨故
色處清淨色處清淨故四无量清淨何以故
若一切智智清淨若色處清淨若四无量清
淨无二无二分无别无斷故一切智智清淨
故聲香味觸法處清淨聲香味觸法處清淨
故四无量清淨何以故若一切智智清淨若
聲香味觸法處清淨若四无量清淨无二无

一切智智清淨若眼界清淨若四无量清淨
无二无二分无別无斷故一切智智清淨故
色界眼識界及眼觸眼觸為緣所生諸受清
淨色界乃至眼觸為緣所生諸受清淨故四
无量清淨何以故若一切智智清淨若色界
乃至眼觸為緣所生諸受清淨若四无量清
淨无二无二分无別无斷故善現一切智智
清淨故耳界清淨耳界清淨故四无量清淨
何以故若一切智智清淨若耳界清淨若四
无量清淨无二无二分无別无斷故一切智
智清淨故聲界耳識界及耳觸耳觸為緣所
生諸受清淨聲界乃至耳觸為緣所生諸受
清淨故四无量清淨何以故若一切智智清

BD01084　妙法蓮華經（十卷本）卷一〇

（後秦）鳩摩羅什 譯

686.2cm × 26cm

求女便生端政有
殖德本衆人愛敬无盡意觀世音
菩薩有如是力若有衆生恭敬礼拜觀世音
菩薩福唐捐是故衆生皆應受持觀世音
菩薩名号无盡意若有人受持六十二億恒
河沙菩薩名字復盡形供養飲食衣服卧具
醫藥於汝意云何是善男子善女人功德多
不无盡意言甚多世尊佛言若復有人受持
觀世音菩薩名号乃至一時礼拜供養是二
人福正等无異於百千万億劫不可窮盡无
盡意受持觀世音菩薩名号得如是无量无
邊福德之利

遊此娑婆世界云何而為衆生說法方便之
力其事云何佛告无盡意菩薩善男子若有
國土衆生應以佛身得度者觀世音菩薩即
現佛身而為說法應以辟支佛身得度者即
現辟支佛身而為說法應以聲聞身得度者
即現聲聞身而為說法應以梵王身得度者
即現梵王身而為說法應以帝釋身得度者
即現帝釋身而為說法應以自在天身得度
者即現自在天身而為說法應以大自在天身
得度者即現大自在天身而為說法應以天
大將軍身得度者即現天大將軍身而為
說法應以毗沙門身得度者即現毗沙門身

說法應以毗沙門身得度者即現毗沙門身
而為說法應以小王身得度者即現小王身
而為說法應以長者身得度者即現長者身
而為說法應以居士身得度者即現居士身而
為說法應以宰官身得度者即現宰官身而
為說法應以婆羅門身得度者即現婆羅門
身而為說法應以比丘比丘尼優婆塞優婆夷
身得度者即現比丘比丘尼優婆塞優婆夷
身而為說法應以長者居士宰官婆羅門婦
女身得度者即現婦女身而為說法應以童
男童女身得度者即現童男童女身而為說
法應以天龍夜叉乾闥婆阿脩羅迦樓羅緊

之而為說法應以執金剛神得度者即現金
剛神而為說法无盡意是觀世音菩薩成就
如是功德以種種形遊諸國土度脫衆生是
故汝等當一心供養觀世音菩薩是觀世音
菩薩摩訶薩於怖畏急難之中能施无畏是
故此娑婆世界皆號之為施无畏者
无盡意菩薩白佛言世尊我今當供養觀世
音菩薩即解頸衆寶珠瓔珞價直百千兩金
而以與之作是言仁者受此法施珎寶瓔珞
時觀世音菩薩不肯受之无盡意復白觀世
音菩薩言仁者愍我等故受此瓔珞尒時佛
告觀世音菩薩當愍此无盡意菩薩及四衆

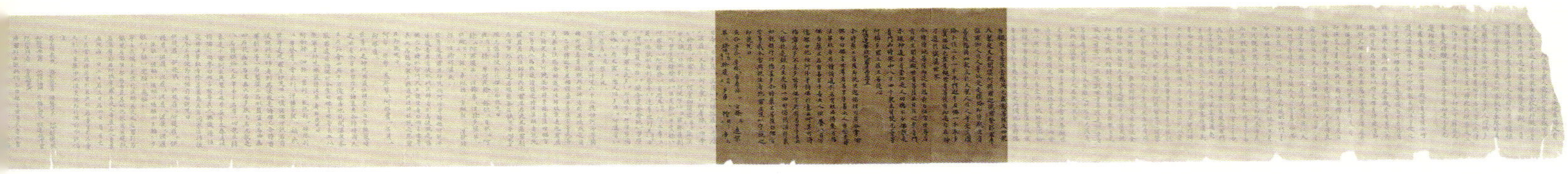

告觀世音菩薩當愍此无盡意菩薩及四衆天龍夜叉乾闥婆阿脩羅迦樓羅緊那羅摩睺羅伽人非人等故受是瓔珞即時觀世音菩薩愍諸四衆及於天龍人非人等受其瓔珞分作二分一分奉釋迦牟尼佛一分奉多寶佛塔无盡意觀世音菩薩有如是自在神力遊於娑婆世界

尒時持地菩薩即從坐起前白佛言世尊若有衆生聞是觀世音菩薩品自在之業普門示現神通力者當知是人功德不少佛說是普門品時衆中八万四千衆生皆發无等等阿耨多羅三藐三菩提心

尒時藥王菩薩即從坐起偏袒右肩合掌向
佛而白佛言世尊若善男子善女人有能受持
法華經者若讀誦通利若有經卷所得幾所福
佛告藥王若有善男子善女人供養八百万
億那由他恒河沙等諸佛於意云何其所得
福寧為多不甚多世尊佛言若有善男子善女
人能於是經乃至受持一四句偈讀誦解義
如說脩行功德甚多尒時藥王菩薩白佛言
世尊我今當與說法者陁羅尼呪以守護之
即說呪曰
安尒一 曼尒二 摩祢三 摩摩祢四 旨隸五 遮梨
第六 賒咩羊鳴音七 賒履冈雉反 多瑋八 羶帝輸千反九

第六
賒咩羊鳴音七 賒履罔雉反 多瑋八 羶輸干反帝九
目帝十 目多履十一 娑履十二 阿瑋娑履十三 桑履
十四 娑履十五 叉裔十六 阿叉裔十七 阿耆膩十八 羶帝
十九 賒履廿 陁羅尼廿一 阿盧伽婆娑蒱柰反簸蔗
毗叉膩廿二 祢毗剃廿三 阿便哆都餓反邏祢履剃
廿四 阿亶哆波隷輸地廿五 漚究隷廿六 牟究隷廿七
阿羅隷廿八 波羅隷廿九 首迦差初机反卅 阿三摩三
履卅一 佛馱毗吉利袠帝卅二 達摩波利差猜義反帝
卅三 僧伽涅瞿沙祢卅四 婆舍婆舍輸地卅五 曼哆
邏卅六 曼哆邏叉夜多卅七 郵樓哆卅八 郵樓哆憍
舍略卅九 惡叉邏卌 惡叉冶多冶卌一 阿婆盧卌二
阿磨若荏遮反 那多夜卌三

佛所說若有得見此法師亦見若得見此法師之言

佛已時釋迦牟尼佛讚藥王菩薩言善哉善

哉藥王汝愍念擁護此法師故說是陁羅尼

於諸衆生多所饒益尒時勇施菩薩白佛言

世尊我亦為擁護讀誦受持法華經者說陁

羅尼若此法師得此陁羅尼若夜叉若羅刹

若富單那若吉遮若鳩槃荼若餓鬼等伺求其

短无能得便即於佛前而說呪曰

痤誓蠆反隸一 摩訶痤隸二 郁枳三 目枳四 阿

隸五 阿羅婆第六 涅隸第七 涅隸多婆第八

伊緻猪履反柅九 韋緻柅十 旨緻柅十一 涅隸墀

柅十二 涅隸墀婆底十三

世尊是陁羅尼神呪恒河沙等諸佛所說亦

柅十二 涅隸墀婆底十三
世尊是陀羅尼神呪恒河沙等諸佛所說亦
皆隨喜若有侵毀此法師者則為侵毀是諸
佛已爾時毗沙門天王護世者白佛言世尊
我亦為愍念衆生擁護此法師故說是陀羅
尼即說呪曰
阿梨一 那梨二 㝹那梨三 阿那盧四 那履五
拘那履六
世尊以是神呪擁護法師我亦自當擁護持
是經者令百由旬內无諸衰患爾時持國天
王在此會中與千万億那由他乾闥婆衆恭
敬圍遶前詣佛所合掌白佛言世尊我亦以

阿伽袮　伽袮　瞿利　乾陀利　旃陀利
五　摩登耆六　常求利七　浮樓莎柅八　頞底
世尊是陁羅尼神呪卌二億諸佛所說若有
侵毀此法師者則爲侵毀是諸佛已尒時有
羅刹女等一名藍婆二名毗藍婆三名曲齒
四名花齒五名黑齒六名多髮七名无猒足
八名持瓔珞九名睪帝十名奪一切衆生精
氣是十羅刹女與鬼子母并其子及眷屬俱
詣佛所同聲白佛言世尊我之（欲）擁護讀誦
受持法華經者除其衰患若有伺求法師拒
者令不得便即於佛前而說呪曰
伊提履一　伊提泯二　伊提履三　阿提履四　伊
[illegible]履五　[illegible]六　[illegible]七　[illegible]八　[illegible]九

伊提履一 伊提泯二 伊提履三 阿提履四 伊
提履五 泥履六 泥履七 泥履八 泥履九 泥履
十 樓醯十一 樓醯十二 樓醯十三 樓醯十四 多醯十五 多
醯十六 多醯十七 兜醯十八 菟醯十九
寧上我頭上莫惱於法師若夜叉若羅刹若
餓鬼若富單那若吉蔗若毗陁那羅若揵馱
若烏摩勒若阿跋摩羅若夜叉吉蔗若人吉蔗
若熱病一日二日若三日若四日 若至七
日若常熱病若男形若女形 若童男形若童
女形乃至夢中亦復莫惱即於佛前而說偈
言
若不順我呪 惱乱說法者 頭破作七分 如阿梨樹枝
如殺父母罪 亦如壓油殃 斗秤欺誑人 調達破僧罪

犯此法師者　當獲如是殃
諸羅剎女說此偈已白佛言世尊我等亦當
身自擁護受持讀誦脩行是經者令得安隱
離諸衰患消衆毒藥佛告諸羅剎女善哉善
哉汝等但能擁護受持法華名者福不可量
何況擁護具足受持供養經卷華香瓔珞末
香塗香燒香幡蓋伎樂然種種燈蘇燈油燈
諸香油燈蘇摩那華油燈瞻蔔華油燈婆師
迦華油燈憂波羅華油燈如是等百千種供
養者睾帝汝等及眷屬應當擁護如是法師
說此陀羅尼品時六万八千人得无生法忍
妙法蓮華經妙莊嚴王本事品第廿六
尒時佛告諸大衆乃往古世過无量无邊不

尒時佛告諸大衆乃往古世過无量无邊不
可思議阿僧秖劫有佛名雲雷音宿王花智
多陁阿伽度阿羅訶三藐三佛陁國名光明
莊嚴劫名喜見彼佛法中有王名妙莊嚴其
王夫人名曰淨德有二子一名淨藏二名淨
眼是二子有大神力福德智慧久脩菩薩所
行之道所謂檀波羅蜜尸波羅蜜羼提波
羅蜜毗梨耶波羅蜜禪波羅蜜般若波羅蜜
方便波羅蜜慈悲喜捨乃至卅七助道法皆
悉明了通達又得菩薩淨明三昧日星宿三
昧淨光三昧淨色三昧淨照明三昧長莊嚴
三昧大威德藏三昧於此三昧亦悉通達尒

是法華經時淨藏淨眼二子到其母所合十
抓指掌白言願母往詣雲雷音宿王花智佛
所我等亦當侍從親近供養礼拜所以者何此
佛於一切天人衆中說法華經宜應聽受
母告子言汝父信受外道深着婆羅門法汝
等應往白父與共俱去淨藏淨眼合十抓指
掌白母我等是法王子而生此耶見家母告
子言汝等當憂念汝父為現神變若得見者
心必清淨或聽我等往到佛所於是二子念
其父故踊在虛空高七多羅樹現種種神變
於虛空中行住坐卧身上出水身下出火身
下出水身上出火或現大身滿虛空中而復
現小小復現大於空中滅忽然在地入地如

下出水身上出火或現大身滿虛空中而復
現小小復現大於空中滅忽然在地入地如
水履水如地現如是等種種神變令其父王
心淨信解時父見子神力如是心大歡喜得
未曾有合掌向子言汝等師為是誰誰之弟
子二子白言大王彼雲雷音宿王花智佛今
在七寶菩提樹下法坐上坐於一切世間天
人衆中廣說法華經是我等師我是弟子父
語子言我等今亦欲見汝等師可共俱往於是
於是二子從空中下到其母所合掌白母父王今
已信解堪任發阿耨多羅三藐三菩提心我
等為父已作佛事願母見聽於彼佛所出家
爾時二子欲重宣其意以偈白母

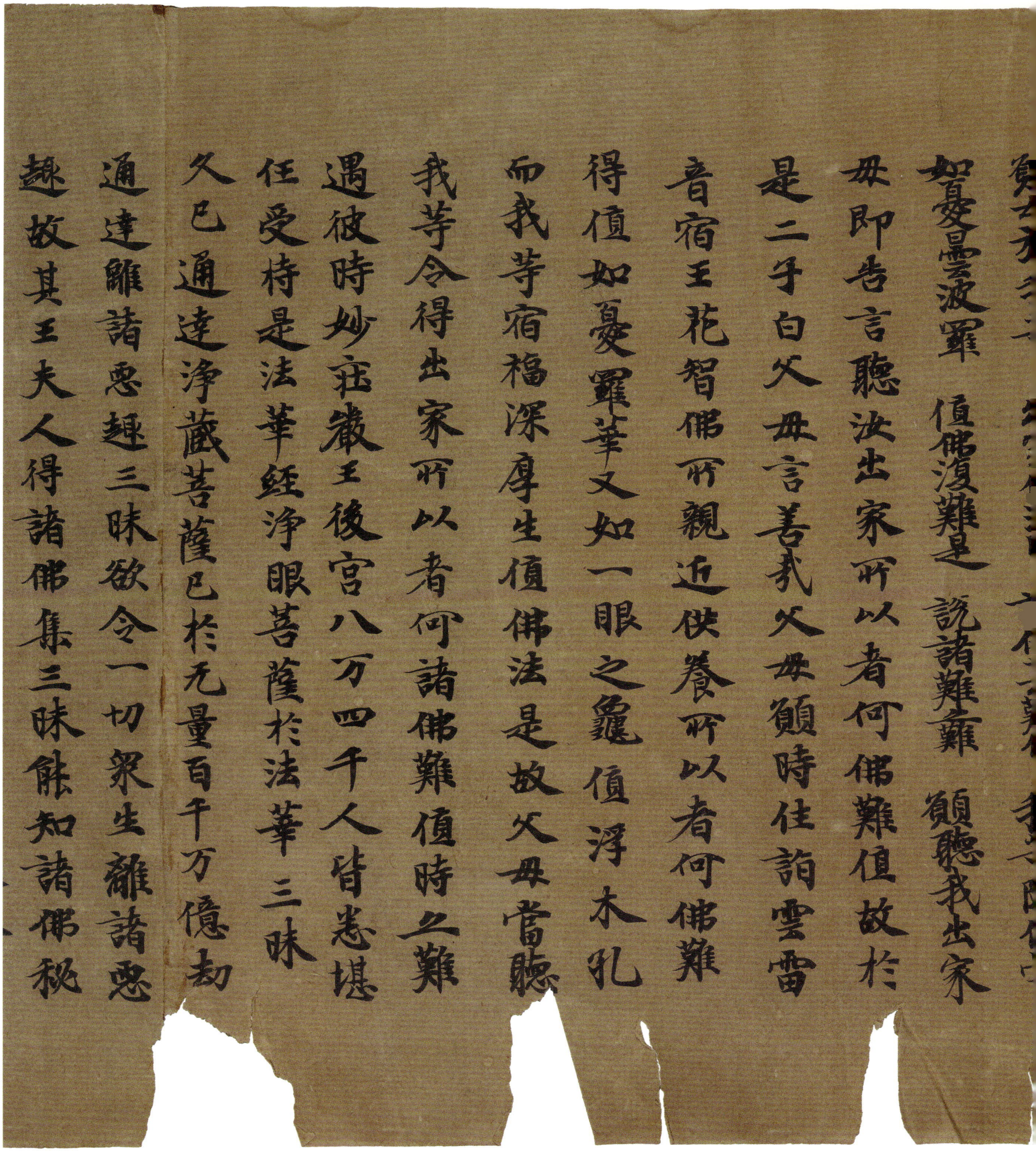

如優曇波羅　值佛復難是　說諸難難　願聽我出家
毋即告言聽汝出家所以者何佛難值故於
是二子白父毋言善哉父毋願時往詣雲雷
音宿王花智佛所親近供養所以者何佛難
得值如優曇羅華又如一眼之龜值浮木孔
而我等宿福深厚生值佛法是故父毋當聽
我等令得出家所以者何諸佛難值時亦難
遇彼時妙莊嚴王後宮八万四千人皆悉堪
任受持是法華經淨眼菩薩於法華三昧
久已通達淨藏菩薩已於无量百千万億劫
通達離諸惡趣三昧欲令一切衆生離諸惡
趣故其王夫人得諸佛集三昧能知諸佛秘

BD01084　妙法蓮華經（十卷本）卷一〇

趣故其王夫人得諸佛集三昧能知諸佛祕
密之藏二子如是以方便力善化其父令心
信解好樂佛法於是妙莊嚴王與群臣眷屬
俱淨德夫人與後宮婇女眷屬俱其王二子
與四万二千人俱一時共詣佛所到已頭面
礼足遶佛三匝却住一面尒時彼佛為王說
法示教利喜王大歡喜尒時妙莊嚴王及其
夫人解頸真珠瓔珞價直百千以散佛上佛
虛空中化成四柱寶臺臺中有大寶床敷百
千万天衣其上有佛結跏趺坐放大光明尒
時妙莊嚴王作是念佛身希有端嚴殊特成
就第一微妙之色時雲雷音宿王花智佛告

不此王於我法中作比丘精懃修習助佛道
法當得佛作号娑羅樹王國名大光劫名大
高王其娑羅樹王佛有无量菩薩衆及无量
聲聞其國平正功德如是其王即時以國付
弟與夫人二子并諸眷屬於佛法中出家修
道王出家已於八万四千歲常精進脩行妙
法華經過是已後得一切淨功德莊嚴三昧
即昇虛空高七多羅樹而白佛言世尊此我
二子已作佛事以神通變化轉我邪心令得
安住於佛法中得見世尊此二子者是我善
知識爲欲發起宿世善根饒益我故来生我
家尒時雲雷音宿王花智佛告妙莊嚴王言
如是如是如汝所言若善男子善女人種善

BD01084　妙法蓮華經（十卷本）卷一〇

如是如是如汝所言若善男子善女人種善
根故世世得善知識其善知識能作佛事示
教利喜令入阿耨多羅三藐三菩提大王當
知善知識者是大因緣所謂化導令得見佛
發阿耨多羅三藐三菩提心大王汝見此二
子不此二子已曾供養六十五百千万億那
由他恒河沙諸佛親近恭敬於諸佛所受持
法華經愍念邪見衆生令住正見妙莊嚴王
即從虛空中下而白佛言世尊如來甚希有
以功德智慧故頂上肉髻光明顯照其眼長
廣而紺青色眉間毫相白如珂月齒白齊密
常有光明脣色赤好如頻婆菓尒時妙莊嚴
讚歎佛如是等无量百千万億功德已於

如來前一心合掌復白佛言世尊未曾有也
如來之法具足成就不可思議微妙功德教
戒所行安隱快樂善我從今日不復自隨心行
不生邪見憍慢瞋恚諸惡之心說是語已禮
佛而出佛告大衆於意云何妙莊嚴王豈異
人乎今花德菩薩是其淨德夫人今佛前光
照莊嚴相菩薩是哀愍妙莊嚴王及諸眷屬
故於彼中生其二子者今藥王菩薩藥上菩
薩是是藥王藥上菩薩成就如此諸大功德
已於无量百千万億諸佛所殖衆德本成就
不可思議諸善功德若有人識是二菩薩名
字者一切世間諸天人民亦應禮拜佛說是
妙莊嚴王本事品時八万四千人遠塵離垢

BD01084　妙法蓮華經（十卷本）卷一〇

字者一切世間諸天人民亦應禮拜佛說是
妙莊嚴王本事品時八万四千人遠塵離垢
於諸法中得法眼淨

妙法蓮華經普賢菩薩勸發品第廿七

尒時普賢菩薩以自在神通威德名聞與大
菩薩无量无邊不可稱數從東方來所經諸
國普皆震動雨寶蓮華作无量百千万億種
種伎樂又與无數諸天龍夜叉乾闥婆阿脩
羅迦樓羅緊那羅摩睺羅伽人非人等大衆
圍遶各現威德神通之力到娑婆世界耆闍
崛山中頭面礼釋迦牟尼佛右遶七匝白佛
言世尊我於寶威德上王佛國遥聞此娑婆
世界說法華經與无量无邊百千万億諸菩

[illegible]
子善女人於如來滅後云何能得是法華經
佛告普賢菩薩若善男子善女人成就四法
於如來滅後當得法華經一者爲諸佛護念
二者殖諸德本三者入正定聚四者發救一
切衆生之心善男子善女人如是成就四法
於如來滅後必得是經尒時普賢菩薩白佛
言世尊於後五百歲濁惡世中其有受持是
經典者我當守護除其衰患令得安隱使无
伺求得其便者若魔若魔子若魔女若魔民
若爲魔所著者若夜叉若羅刹若鳩槃茶若
毗舍闍若吉遮若富單那若違陁羅等諸惱
人者皆不得便是人若行若立讀誦此經我

人者皆不得便是人若行若立讀誦此經我
我尒時乘六牙白象王與大菩薩衆俱詣其所
而自現身供養守護安慰其心亦為供養法
華經故是人若坐思惟此經尒時我復乘白
象王現其人前其人若於法華經有所忘失
一句一偈我當教之與共讀誦還令通利尒
時受持讀誦法華經者得見我身甚大歡喜
轉復精進以見我故即得三昧及陀羅尼名
為旋陀羅尼百千億旋陀羅尼法音方便陀
羅尼如是等陀羅尼世尊若後世後五百歲
濁惡世中比丘比丘尼優婆塞優婆夷求索
者受持者讀誦者書寫者欲脩習是法華經

乘六牙白象與無量菩薩而自圍遶以一切
衆生所憙見身現其人前而說法為示教利
喜亦復與其陁羅尼呪得是陁羅尼故无有
非人能破壞者亦不為女人之所惑亂我身
亦自常護此人唯願世尊聽我說此陁羅尼
即於佛前而說呪曰
阿檀地 途賣反 一 檀陁婆地 二 檀陁婆帝 三 檀陁
九舍隸 四 檀陁脩陁隸 五 脩陁隸 六 脩陁羅
波疧 七 佛馱波羶祢 八 薩婆陁羅尼 九 薩婆
婆沙阿婆多尼 十 脩阿婆多尼 十一 僧伽婆履
叉尼 十二 僧伽涅陁伽尼 十三 阿僧祇 十四 僧伽波
伽地 十五 帝隸阿惰僧伽兜略 盧遮反 婆羅帝 十六
薩婆伽三摩陁伽蘭地 十七 薩婆達摩脩婆利

BD01084　妙法蓮華經（十卷本）卷一〇

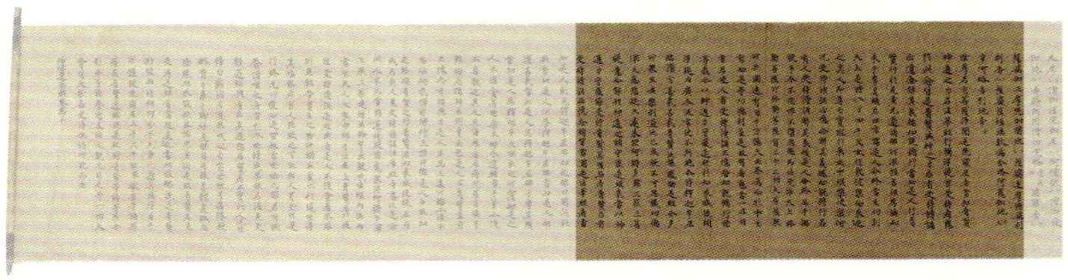

薩婆伽三摩陁伽蘭地七 薩婆達摩脩婆利
刹帝八十 薩婆薩埵樓馱憍舍略阿㝹伽地九十
辛阿略吉利地帝廿
世尊若有菩薩得聞是陁羅尼者當知普賢
神通之力若法華經行閻浮提有受持者應
作此念皆是普賢威神之力若有受持讀誦
正憶念解其義趣如說脩行當知是人行普
賢行於无量无邊諸佛所深種善根為諸如
来手摩其頭若但書寫是人命終當生忉利
天上是時八万四千天女作衆伎樂而来迎
之其人即着七寶冠於綵女中娛樂快樂何
況受持讀誦正憶念解其義趣如說脩行若

勒菩薩所弥勒菩薩有三十二相大菩薩衆
所共圍遶有百千万億天女眷屬而於中生
有如是等功德利益是故智者應當一心自
書若使人書受持讀誦正憶念如說脩行世
尊我今以神通力守護是經於如来滅後閻
浮提内廣令流布使不斷絶尒時釋迦牟尼
佛讃言善哉善哉普賢汝能護助是經令多
所衆生安樂利益汝已成就不可思議功德
深大慈悲從久遠来發阿耨多羅三藐三菩
提意而能作神通之願守護是經我當以神
通力守護能受持普賢菩薩名者普賢若有
受持讀誦正憶念脩習書寫是法華經者當

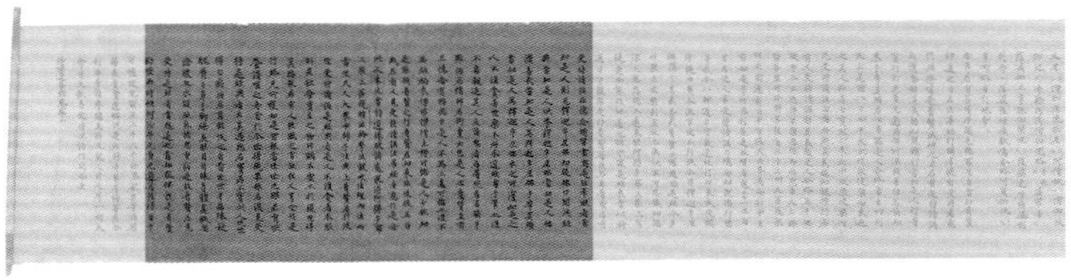

受持讀誦正憶念脩習書寫是法華經者當
知是人則見釋迦牟尼佛如從佛口聞此經
典當知是人供養釋迦牟尼佛當知是人佛
讚善哉當知是人為釋迦牟尼佛手摩其頭
當知是人為釋迦牟尼佛衣之所覆如是之
人不復貪著世樂不好外道經書手筆亦復
不喜親近其人及諸惡者若屠兒若畜豬羊
雞狗若獵師若衒賣女色是人心意質直有
正憶念有福德力是人不為三毒所惱亦復不
為嫉妬我慢邪慢增上慢所惱是人少欲知
足能脩普賢之行普賢若如來滅後後五百
歲若有人見受持讀誦法華經者應作是念
此人不久當詣道場破諸魔衆得阿耨多羅

當坐天人大衆中師子法坐上普賢若於後
世受持讀誦是經典者是人不復貪著衣服
卧具飲食資生之物所願不虛亦於現世得
其福報若有人輕毀之言汝狂人耳空作是
行終无所獲如是罪報當世世无眼若有供
養讚歎之者當於今世得現果報若復見受
持是經典者出其過惡若實若不實此人現世
得白癩病若有輕咲之者當世世牙齒踈缺
醜脣平鼻手脚繚戾眼目角睞身體臭穢惡
瘡膿血水腹短氣諸惡重病是故普賢若見
受持是經者當起遠迎當如敬佛說是普賢
勸發品時恒河沙等无量无邊菩薩得百千

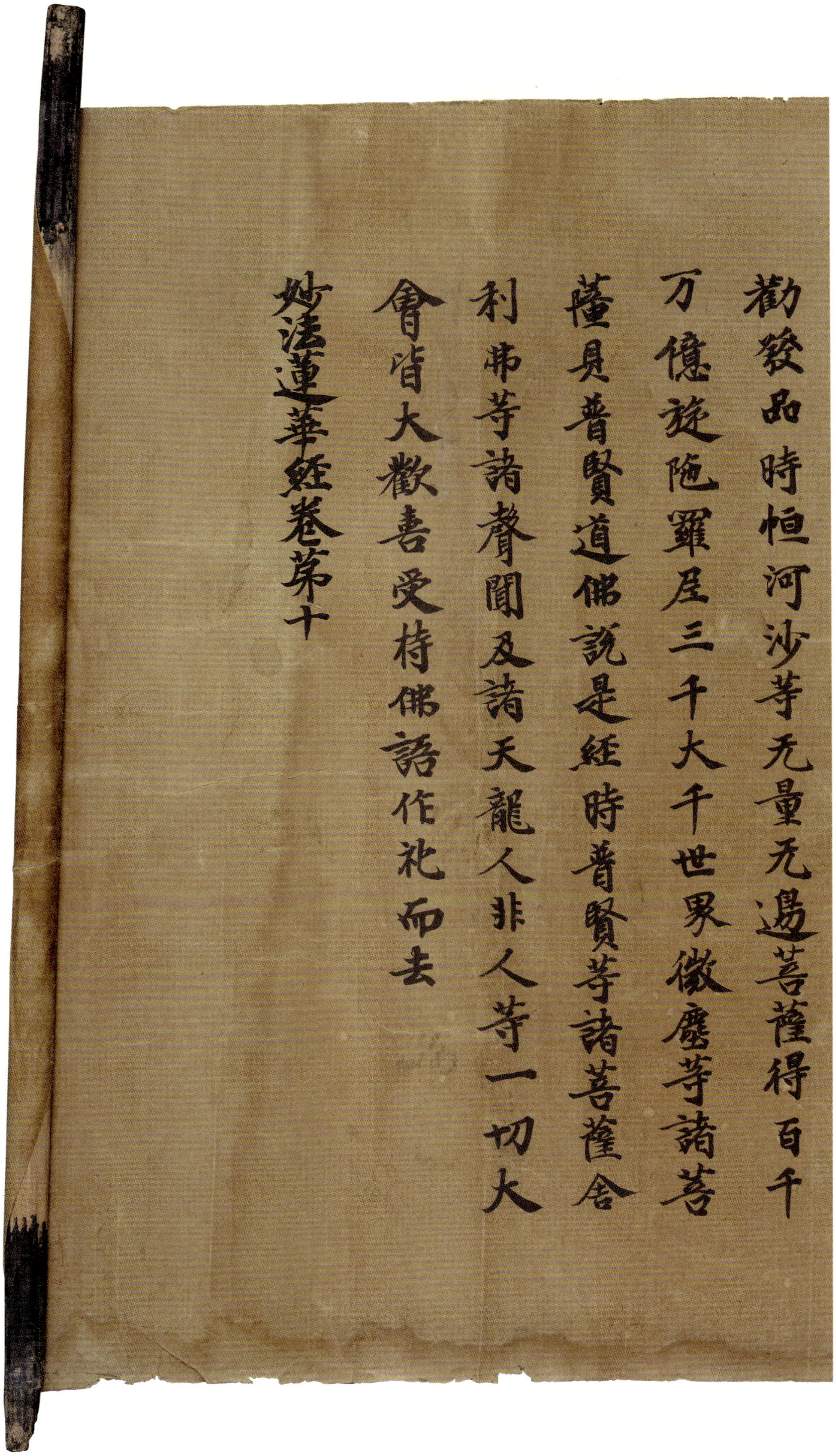

勸發品時恒河沙等无量无邊菩薩得百千
万億旋陁羅尼三千大千世界微塵等諸菩
薩具普賢道佛說是經時普賢等諸菩薩舍
利弗等諸聲聞及諸天龍人非人等一切大
會皆大歡喜受持佛語作礼而去

妙法蓮華經卷第十

BD01084　妙法蓮華經（十卷本）卷一〇

BD01085 妙法蓮華經卷五

（後秦）鳩摩羅什 譯

166.7cm×25cm

難有敬順佛故發大誓
誦是法華經世尊菩薩
何能說是經佛告文殊
於後惡世欲說是經當
行處親近處能為
云何名菩薩摩訶
住忍辱地柔和善順
復於法無所行而觀
分別是名菩薩摩訶
摩摩訶薩親近處菩薩
國王王子大臣官長不親近諸
子等及造世俗文筆讚詠外

旃陁羅及畜猪羊雞獨畋獵魰捕
儀如是人等或時來者則為說法無
望又不親近求聲聞比丘比丘尼優婆塞
優婆夷亦不問訊若於房中若經行處若
在講堂中不共住止或時來者隨宜說法無
所希求文殊師利又菩薩摩訶薩不應於女
人身取能生欲想相而為說法亦不樂見若
入他家不與小女處女寡女等共語亦復不近
五種不男之人以為親厚不獨入他家若有
因緣須獨入時但一心念佛若為女人說法
不露齒咲不現胷臆乃至為法猶不親厚
況復餘事不樂畜年少弟子沙弥小兒亦不

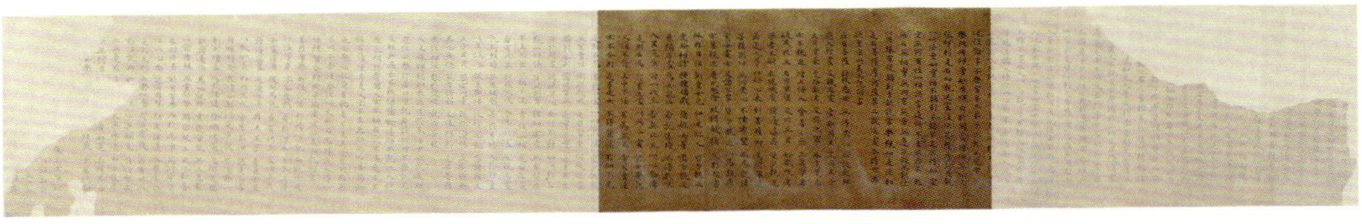

不露齒咲不現胷臆乃至為法猶不親厚
況復餘事不樂畜年少弟子沙彌小兒亦不
樂與同師常好坐禪在於閑處脩攝其心文
殊師利是名初親近處復次菩薩摩訶薩觀
一切法空如實相不顛倒不動不退不轉如虛
空無所有性一切語言道斷不生不出不起
無名無相實無所有無量無邊無礙無鄣但
以因緣有從顛倒生故說常樂觀如是法相
是名菩薩摩訶薩第二親近處尒時世尊
欲重宣此義而說偈言
若有菩薩　於後惡世　無怖畏心　欲說是經
應入行處　及親近處　常離國王　及國王子
大臣官長　兇險戲者　及旃陁羅　外道梵志

深著五欲　求現滅度　諸優婆夷　皆勿親近
若是人等　以好心来　到菩薩所　為聞佛道
菩薩則以　無所畏心　不懷希望　而為說法
寡女處女　及諸不男　皆勿親近　以為親厚
亦莫親近　屠兒魁膾　畋獵魰捕　為利殺害
販肉自活　衒賣女色　如是之人　皆勿親近
兇險相撲　種種嬉戲　諸婬女等　盡勿親近
莫獨屛處　為女說法　若說法時　無得戲笑
入里乞食　將一比丘　若無比丘　一心念佛
是則名為　行處近處　以此二處　能安樂說
又復不行　上中下法　有為無為　實不實法
亦不分別　是男是女　不得諸法　不知不見

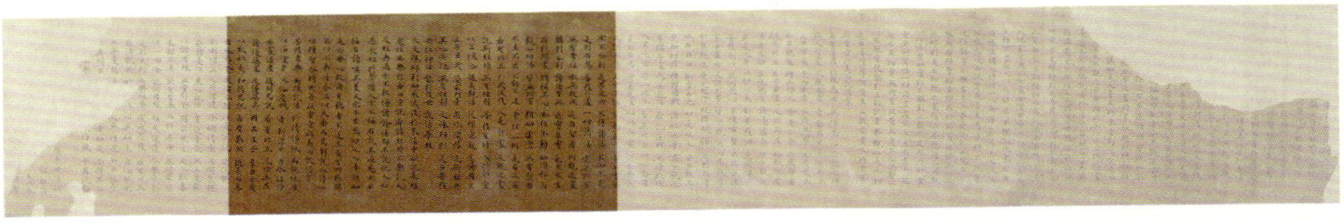

行不行　上中下法　有爲無爲　實不實法
亦不分別　是男是女　不得諸法　不知不見
是則名爲　菩薩行處　一切諸法　空無所有
無有常住　亦無起滅　是名智者　所親近處
顛倒分別　諸法有無　是實非實　是生非生
在於閑處　修攝其心　安住不動　如須弥山
觀一切法　皆無所有　猶如虛空　無有堅固
不生不出　不動不退　常住一相　是名近處
若有比丘　於我滅後　入是行處　及親近處
說斯經時　無有怯弱　菩薩有時　入於靜室
以正憶念　隨義觀法　從禪定起　爲諸國王
王子臣民　婆羅門等　開化演暢　說斯經典
其心安隱　無有怯弱　文殊師利　是名菩薩
安住初法　能於後世　說法華經

文殊師利如來滅後於末法中欲說是經
應住安樂行若口宣說若讀經時不樂說人
及經典過亦不輕慢諸餘法師不說他人好
惡長短於聲聞人亦不稱名說其過惡亦不
稱名讚歎其美又亦不生怨嫌之心善脩如
是安樂心故諸有聽者不逆其意有所難問
不以小乘法荅但以大乘而為解說令得一
切種智尒時世尊欲重宣此義而說偈言
菩薩常樂 安隱說法 於清淨地 而施牀座
以油塗身 澡浴塵穢 著新淨衣 內外俱淨
安處法座 隨問為說 若有比丘 及比丘尼
諸優婆塞 及優婆夷 國王王子 羣臣士民
以微妙義 和顏為說 若有難問 隨義而荅
因緣譬喻 敷演分別

以微妙義　和顔爲説　若有難問　隨義而荅
因緣譬喻　敷演分別　以是方便　皆使發心
漸漸增益　入於佛道　除嬾惰意　及懈怠想
離諸憂惱　慈心説法　晝夜常説　無上道教
以諸因緣　無量譬喻　開示衆生　咸令歡喜
衣服卧具　飲食醫藥　而於其中　無所希望
但一心念　説法因緣　願成佛道　令衆亦尒
是則大利　安樂供養　我滅度後　若有比丘
能演説斯　妙……　心無嫉恚　諸惱鄣礙
亦無憂愁　及……　又無怖畏　加刀仗等
□無擯出　……者如是　善脩其心
……安樂　……功德　千萬億劫

丘比丘
者

BD01086 妙法蓮華經（八卷本）卷八

（後秦）鳩摩羅什 譯

489.9cm × 26.5cm

毗叉膩廿二祢毗剃廿三阿便哆都餓反邏祢履剃
廿四阿亶哆波隸輸地廿五漚究隸廿六牟究隸廿七
阿羅隸廿八波羅隸廿九首迦差初几反卅阿三磨三
履卅一佛馱毗吉利袠帝卅二達磨波利差猜離反
帝卅三僧伽涅瞿沙祢卅四婆舍婆舍輸地卅五曼
哆羅卅六曼哆羅叉夜哆卅七郵婁哆卅八郵婁哆
憍舍毗盧遮反三十九惡叉羅卌惡叉冶多冶卌一阿
婆盧卌二阿摩若荏蔗反那多夜卌三
世尊是陀羅尼神呪六十二億恒河沙等諸
佛所說若有侵毀此法師者則為侵毀是諸
佛已時釋迦牟尼佛讚藥王菩薩言善哉善
哉藥王汝愍念擁護此法師故說是陀羅尼
於諸衆生多所饒益
尒時勇施菩薩白佛言世尊我亦為擁護讀

尒時勇施菩薩白佛言世尊我亦為擁護讀
誦受持法華經者說陀羅尼若此法師得是
陀羅尼若夜叉若羅剎若富單那若吉蔗
若鳩槃茶若餓鬼等伺求其短无能得便即於
佛前而說呪曰
痤揩蠻反隸一　摩訶痤隸二　郁枳三　目枳四　阿
隸五　阿羅婆第六　涅隸第七　涅隸多婆第八
伊緻猪里反柅九　韋緻柅十　旨緻柅十一　涅隸墀
柅十二　涅犁墀婆底十三
世尊是陀羅尼神呪恒沙等諸佛所說亦
皆隨喜若有侵毀此法師者則為侵毀是諸
佛已
尒時毗沙門天王護世者白佛言世尊我亦
為愍念衆生擁護此法師故說是陀羅尼即

為惡念衆生擁護此法師故說是陁羅尼即
說呪曰
阿梨一 那梨二 㝹那梨三 阿那盧四 那履五
拘那履六
世尊以是神呪擁護法師我亦自當擁護持
是経者令百由旬内无諸衰患
尒時持國天王在此會中與千万億那由他
乹闥婆衆恭敬圍繞前詣佛所合掌白佛言
世尊我亦以陁羅尼神呪擁護持法華経者
即說呪曰
阿伽祢一 伽祢二 瞿利三 乹陁利四 栴陁利五
摩蹬耆六 常求利七 浮樓莎抳八 頞底九
世尊是陁羅尼神呪四十二億諸佛所說若

有侵毀此法師者則為侵毀是諸佛已
尒時有十羅刹女等一名藍婆二名毗藍婆
三名曲齒四名華齒五名黑齒六名多髮七
名无猒足八名持瓔珞九名睪諦十名奪一
切衆生精氣是十羅刹女與鬼子母并其子
及眷屬俱詣佛所同聲白佛言世尊我等亦
欲擁護讀誦受持法華經者除其衰患若有
伺求法師短者令不得便即於佛前而說呪曰
伊提履一伊提泯二伊提履三阿提履四伊
提履五泥履六泥履七泥履八泥履九泥履
樓醯十一樓醯十二樓醯十三樓醯十四多醯十五多醯
十六多醯十七兜醯十八㝹醯十九
寍上我頭上莫惱於法師若夜叉若羅刹若
餓鬼若富單那若吉蔗若毗陁羅若揵馱

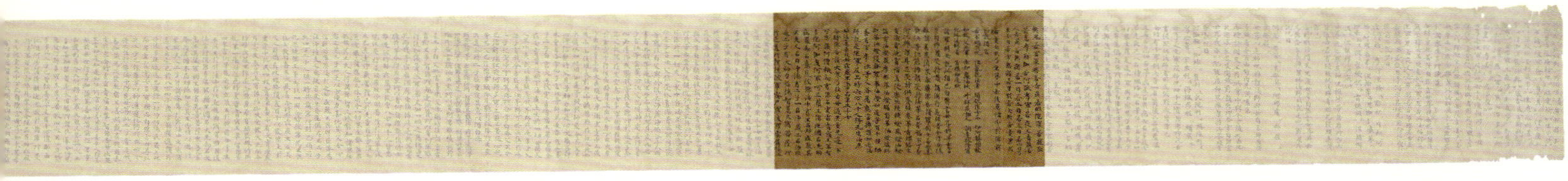

餓鬼若富單那若吉蔗若毗陁羅若揵馱
若烏摩勒伽若阿跋摩羅若夜叉吉蔗若
人吉蔗若熱病若一日若二日若三日若四日乃
至七日若常熱病若男形若女形若童男形
若童女形乃至夢中亦復莫惱即於佛前
而説偈言
若不順我呪　惱亂説法者　頭破作七分　如阿梨樹枝
如殺父母罪　亦如壓油殃　斗秤欺誑人　調達破僧罪
犯此法師者　當獲如是殃
諸羅刹女説此偈已白佛言世尊我等亦當
身自擁護受持讀誦脩行是經者令得安隱
離諸衰患消衆毒藥佛告諸羅刹女善哉善
哉汝等但能擁護受持法華名者福不可量
何况擁護具足受持供養經卷華香瓔珞末

何況擁護具足受持供養經卷華香瓔珞末
香塗香燒香幡蓋伎樂種種燈蘇燈油燈
諸香油燈蘇摩那華油燈瞻蔔華油燈婆師
迦華油燈優鉢羅華油燈如是等百千種供
養者睪帝汝等及眷屬應當擁護如是法
師説是陁羅尼品時六万八千人得无生法忍

妙法蓮華經妙莊嚴王本事品第二十七

尒時佛告諸大衆乃往古世過无量无邊不
可思議阿僧祇劫有佛名雲雷音宿王華智
多陁阿伽度阿羅呵三藐三佛陁國名光明
莊嚴劫名憙見彼佛法中有王名妙莊嚴其
王夫人名曰淨德有二子一名淨藏二名淨眼
是二子有大神力福德智慧久脩菩薩所
行之道所謂檀波羅蜜尸羅波羅蜜羼提波

行之道所謂檀波羅蜜尸羅波羅蜜羼提波
羅蜜毗梨耶波羅蜜禪波羅蜜般若波羅蜜
方便波羅蜜慈悲喜捨乃至三十七助道法
皆悉明了通達又得菩薩淨三昧日星宿三昧
淨光三昧淨色三昧淨照明三昧長莊嚴
三昧大威德藏三昧於此三昧亦悉通達尒
時彼佛欲引導妙莊嚴王及愍念衆生故說
是法華經時淨藏淨眼二子到其母所合十
指爪掌白言願母往詣雲雷音宿王華智佛
所我等亦當侍從親近供養礼拜所以者何
此佛於一切天人衆中說法華經宜應聽受
母告子言汝父信受外道深著婆羅門法汝
等應往白父與共俱去淨藏淨眼合十指爪
掌白母我等是法王子而生此邪見家母告

掌白母我等是法王子而生此邪見家母告
子言汝等當憂念汝父為現神變若得見者
心必清淨或聽我等往至佛所於是二子念
其父故踊在虛空高七多羅樹現種種神變
於虛空中行住坐臥身上出水身下出火身
下出水身上出火或現大身滿虛空中而復
現小小復現大於空中滅忽然在地入地如
水履水如地現如是等種種神變令其父王
心淨信解時父見子神力如是心大歡喜得
未曾有合掌向子言汝等師為是誰誰之弟
子二子白言大王彼雲雷音宿王華智佛今
在七寶菩提樹下法座上坐於一切世間天
人眾中廣說法華經是我等師我是弟子父
語子言我今亦欲見汝等師可共俱往於是

語子言我今亦欲見汝等師可共俱往於是
二子從空中下到其母所合掌白母父王今
已信解堪任發阿耨多羅三藐三菩提心我
等為父已作佛事願母見聽於彼佛所出家
脩道尒時二子欲重宣其意以偈白母
願母放我等　出家作沙門　諸佛甚難值　我等隨佛學
如優曇波羅　值佛復難是　脫諸難亦難　願聽我出家
母即告言聽汝出家所以者何佛難值故於
是二子白父母言善哉父母願時往詣雲雷
音宿王華智佛所親近供養所以者何佛難
得值如優曇波羅華又如一眼之龜值浮木
孔而我等宿福深厚生值佛法是故父母當
聽我等令得出家所以者何諸佛難值時亦
難遇彼時妙莊嚴王後宮八萬四千人皆悉

難遇彼時妙莊嚴王後宮八万四千人皆悉
堪任受持是法華經淨眼菩薩於法華三昧
久已通達淨藏菩薩已於无量百千万億劫
通達離諸惡趣三昧欲令一切衆生離諸惡
趣故其王夫人得諸佛智三昧能知諸佛祕
密之藏二子如是以方便力善化其父令心
信解好樂佛法於是妙莊嚴王與群臣眷屬
俱淨德夫人與後宮婇女眷屬俱其王二子
與四万二千人俱一時共詣佛所到已頭面
礼足繞佛三帀却住一面尒時彼佛為王說
法示教利喜王大歡喜尒時妙莊嚴王及其
夫人解頸真珠瓔珞價直百千以散佛上於
虛空中化成四柱寶臺臺中有大寶床敷
百千万天衣其上有佛結加趺坐放大光明尒

百千万天衣其上有佛結跏趺坐放大光明尒
時妙莊嚴王作是念佛身希有端嚴殊特成
就第一微妙之色時雲雷音宿王華智佛告
四衆言汝等見是妙莊嚴王於我前合掌立
不此王於我法中作比丘精勤脩習助佛道
法當得作佛号娑羅樹王國名大光劫名大
高王其娑羅樹王佛有无量菩薩衆及无量
聲聞其國平正功德如是其王即時以國付
弟與夫人二子并諸眷屬於佛法中出家脩
道王出家已於八万四千歲常勤精進脩行
妙法華經過是已後得一切淨功德莊嚴三昧
即昇虚空高七多羅樹而白佛言世尊此
我二子已作佛事以神通變化轉我邪心令
得安住於佛法中得見世尊此二子者是我

得安住於佛法中得見世尊此二子者是我
善知識為欲發起宿王善根饒益我故來
生我家尒時雲雷音宿王華智佛告妙莊嚴
王言如是如是如汝所言若善男子善女人種善
根故世世得善知識其善知識能作佛事
示教利喜令入阿耨多羅三藐三菩提大王
當知善知識者是大因緣所謂化導令得見
佛發阿耨多羅三藐三菩提心大王汝見此二
子不此二子已曾供養六十五百千万億那由
他恒河沙諸佛親近恭敬於諸佛所受
持法華經愍念邪見衆生令住正見妙莊嚴
王即從虛空中下而白佛言世尊如來甚希
有以功德智慧故頂上肉髻光明顯照其眼
長廣而紺青色眉間毫相白如珂月齒白齊

長廣而紺青色眉間毫相白如珂月齒白齊
密常有光明脣色赤好如頻婆果尒時妙莊
嚴王讚歎佛如是等无量百千万億功德已
於如來前一心合掌復白佛言世尊未曾有
也如來之法具足成就不可思議微妙功德
教戒所行安隱快善我從今日不復自隨心
行不生邪見憍慢瞋恚諸惡之心説是語
已礼佛而出佛告大衆於意云何妙莊嚴王豈
異人乎今華德菩薩是其淨德夫人今佛前
光照莊嚴相菩薩是哀愍妙莊嚴王及諸眷
屬故於彼中生其二子者今藥王菩薩藥上
菩薩是是藥王藥上菩薩成就如此諸大
功德已於无量百千万億諸佛所殖衆德本成
就不可思議諸善功德若有人識是二菩薩

說不可思議諸善功德若有人識是二菩薩
名字者一切世間諸天人民亦應礼拜佛說
是妙莊嚴王本事品時八万四千人遠塵離
垢於諸法中得法眼淨

妙法蓮華經普賢菩薩勸發品第二十八

尒時普賢菩薩以自在神通威德名聞與大
菩薩无量无邊不可稱數從東方來所經諸
國普皆震動雨寶蓮華作无量百千万億
種種伎樂又與无數諸天龍夜叉乾闥婆阿脩
羅迦樓羅緊那羅摩睺羅伽人非人等大衆
圍繞各現威德神通之力到娑婆世界耆闍
崛山中頭面礼釋迦牟尼佛右繞七帀白佛
言世尊我於寶威德上王佛國遥聞此娑婆
世界說法華經與无量无邊百千万億諸菩

世界說法華經與无量无邊百千万億諸菩
薩衆共來聽受唯願世尊當為說之若善男
子善女人於如來滅後云何能得是法華經
佛告普賢菩薩若善男子善女人成就四法
於如來滅後當得是法華經一者為諸佛護
念二者殖衆德本三者入正定聚四者發救
一切衆生之心善男子善女人如是成就四法
法於如來滅後必得是經尒時普賢菩薩白
佛言世尊於後五百歲濁惡世中其有受持
是經典者我當守護除其衰患令得安隱使
无伺求得其便者若魔若魔子若魔女若
魔民若為魔所著者若夜叉若羅刹若鳩槃
荼若毗舍闍若吉蔗若富單那若韋陁羅等
諸惱人者皆不得便是人若行若立讀誦此經

諸惱人者皆不得便是人若行若立讀誦此經
我尒時乘六牙白象王與大菩薩衆俱詣其
所而自現身供養守護安慰其心亦爲供養
法華經故是人若坐思惟此經尒時我復乘
白象王現其人前其人若於法華經有所忘
失一句一偈我當教之與共讀誦還令通利
尒時受持讀誦法華經者得見我身甚大歡
喜轉復精進以見我故即得三昧及陀羅尼
名爲旋陀羅尼百千万億旋陀羅尼法音方
便陀羅尼得如是等陀羅尼世尊若後世後
五百歲濁惡世中比丘比丘尼優婆塞優婆
夷求索者受持者讀誦者書寫者欲脩習是
法華經於三七日中應一心精進三七日已我
當乘六牙白象與无量菩薩而自圍繞以

當來六牙白象與无量菩薩而自圍繞以
一切衆生所憙見身現其人前而爲說法
亦教利喜亦復與其陁羅尼呪得是陁羅尼
故无有非人能破壞者亦不爲女人之所惑
亂我身亦自常護是人唯願世尊聽我說此
陁羅尼即於佛前而說呪曰
阿檀地塗賣反檀陁婆地二檀陁婆帝三檀陁
鳩舍隸四檀陁修陁隸五修陁隸六修陁羅
婆底七佛駄波羶祢八薩婆陁羅尼阿婆多
尼九薩婆婆沙阿婆多尼十修阿婆多尼十一
僧伽婆履叉尼十二僧伽涅伽陁尼十三阿僧祇
十四僧伽波伽地十五帝隸阿惰僧伽兜略盧遮反
波羅帝十六薩婆僧伽三摩地伽蘭地十七薩婆
達磨脩波利刹帝十八薩婆薩埵樓駄憍舍

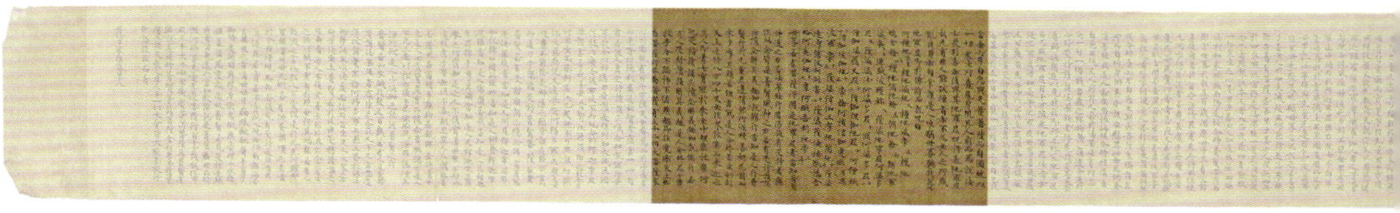

達摩脩波利剎帝十八薩婆薩埵樓馱憍舍
略阿㝹伽地十九辛阿毗吉利地帝二十
世尊若有菩薩得聞是陁羅尼者當知普賢
神通之力若法華経行閻浮提有受持者應
作此念皆是普賢威神之力若有受持讀誦
正憶念解其義趣如說脩行當知是人行普
賢行於无量无邊諸佛所深種善根為諸如
來手摩其頭若但書寫是人命終當生忉利
天上是時八万四千天女作衆伎樂而來迎之
其人即著七寶冠於婇女中娛樂快樂何
況受持讀誦正憶念解義趣如說脩行若
有人受持讀誦解其義趣是人命終為千佛
授手令不恐怖不墮惡趣即往兜率天上彌
勒菩薩所彌勒菩薩有三十二相大菩薩衆

勒菩薩所弥勒菩薩有三十二相大菩薩衆
所共圍繞有百千万億天女眷屬而於中生有
如是等功德利益是故智者應當一心自
書若使人書受持讀誦正憶念如説脩行世
尊我今以神通力守護是經於如来滅後閻
浮提内廣令流布使不斷絶尒時釋迦牟尼
佛讃言善哉善哉普賢汝能護助是經令多
所衆生安樂利益汝已成就不可思議功德
深大慈悲從久遠来發阿耨多羅三藐三菩
提意而能作是神通之願守護是經我當以
神通力守護能受持普賢菩薩名者
普賢若有受持讀誦正憶念脩習書寫
是法華經者當知是人則見釋迦牟尼佛
如從佛口聞此經典當知是人供養釋迦牟

如從佛口聞此經典當知是人供養釋迦牟
尼佛當知是人佛讚善哉當知是人為釋迦
牟尼佛手摩其頭當知是人為釋迦牟尼佛
衣之所覆如是之人不復貪著世樂不好外
道經書手筆亦復不喜親近其人及諸惡者
若屠兒若畜猪羊雞狗若獵師若衒賣女
色是人心意質直有正憶念有福德力是人
不為三毒所惱亦復不為嫉妬我慢邪慢增上
慢所惱是人少欲知足能脩普賢之行
普賢若如來滅後後五百歲若有人見受持
讀誦法華經者應作是念此人不久當詣道
場破諸魔衆得阿耨多羅三藐三菩提轉法
輪擊法鼓吹法螺雨法雨當坐天人大衆之中
師子法坐上普賢若於後世受持讀誦是

師子法坐上普賢若於後世受持讀誦是
經典者是人不復貪著衣服臥具飲食資生
之物所願不虛亦於現世得其福報若有人
輕毀之言汝狂人耳空作是行終无所獲如是
罪報當世世无眼若有供養讚嘆之者當
於今世得現果報若復見有受持是經者出
其過惡若實若不實此人現世得白癩病若
有輕咲之者當世世牙齒疏缺醜脣平鼻手
腳繚戾眼目角睞身體臭穢惡瘡膿血水腹
短氣諸惡重病是故普賢若見受持是經
典者當起遠迎當如敬佛說是普賢勸發品時
恒河沙等无量无邊菩薩得百千万億旋陀羅
尼三千大千世界微塵等諸菩薩具普賢道
佛說是經時普賢等諸菩薩舍利弗等諸聲

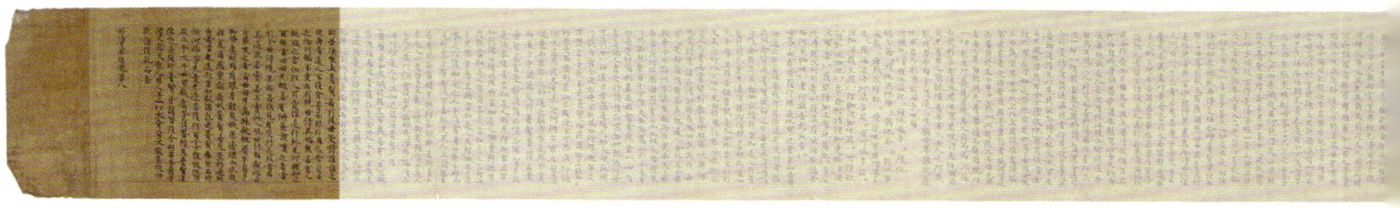

佛說是經時普賢等諸菩薩舍利弗等諸聲
聞及諸天龍人非人等一切大會皆大歡喜受持
佛語作礼而去

妙法蓮華經卷第八

BD01087 瑜伽師地論卷四二分門記（擬）

（唐）法成 述

（唐）洪真 記

BD01087v 騎縫簽名等

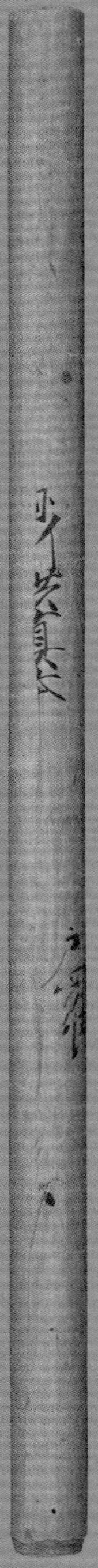

89.2cm×29.4cm

瑜伽論第卌二卷手記初
第二明難行義分三 一問 二略答並如論 三廣釋從前說一切義
由何義故名爲難行故也 三別釋分三 一明大財利大族明難行
義故論文言從說菩薩也 一言大財等論從七寶具足也 二言大族
者論宗葉大也 三言自在論上至輪王下至國王大臣於衆人邊
得自在等也 二依難遭命難明難行義故論文言又菩薩
三依遍於一切住處明難行義 中言遍於一切處下明住及作意 下
言命論於明先食時住閑淨處時於定患作意時於三聚義
不放逸也 二言恒住正念等乃至與明住作意也 下言命 第四明一切
門義分四 一總中言門等因義也 次明前三聚淨義生起之因
也 二略答 三列名並如論 四別釋分四 一依先生別明心支義
二依无始本性種子明義並如論 一言相續等即心相續也 三依心
修无始種子明串習義 四依不復四攝事方便相應義並如論
第五明善事義分三 一問 二略答並如論 三別釋分五 一依自具
尸羅明善事義 二依勸他受明善事義 三依讚揚明善事
義 四依歡喜明善事義 五依迴向淨明善事義 並如論應
知 第六明一切種義分三 一總明中言一切種等即是迴向義也

得三聚淨戒遍於一切世出世間因果法故　二略分別　三別
釋文分二　一略六種遍義分二　一顯可見　二釋文分六　一依要義
此四遍戒如上　一依盡與有性以應傳戒中二言一切二等字者
得三聚淨戒攝增上三支字故　三依如有性以无罪歡喜
愛戒中二言表離邪見得真如之理性自表離衆着者
樂二真如故也　四依加行以恒常戒如上　五依供敬以四圍
戒分二如上　六依沙门莊嚴具者依度戒中二言尸羅莊
嚴具者謂信欲等十七種沙门莊嚴如聲聞地中之說　第二
此七種遍滿義分二　一顯可見　二釋中二言有其七種修威略釋
義分二　一前之三種具足戒之自性即因義也　後之四種具足戒之
異熟即果義也　一依心息以律儀戒　二依轉作自性以攝善
法及饒益有性　三依防護自性戒並如上　四依攝善法
戒以大事果異熟果戒此於加行位上十地已來之得之果皆由
前三戒為因故也　五依攝律儀戒以增上心及第六可愛
趣果異熟戒得加行位之上以得四空八定及可愛趣果皆由
律儀戒為因也　二言可愛分別得忍位之上不墮惡趣故云不愛

律儀爲因也。二云不愛等謂忍位已上不墮惡趣，故是不愛
果熟也。七依饒益有情以利有情果異熟義，謂説實惡生不
有此現前由饒益有情義爲因也
顯別二略分並如之。三別釋分出二。一忍自求不義故，如文。二言自謂思惟
平也。勸謂斷命中八法如我不欲一切衆生亦如是。二例他求故
如文。言我求是已事也。二明他令行八種勝利故，如文。言勿我於彼
果也。四勸結如之。第八明二世樂戒分五。一顯二略分並如之。二別釋
分二。一明應遮處中四法故，如文。云謂諸菩薩也。謂十不善業自性是
罪。若見他作應遮止之。二言開許善者，謂十善業也。自性善者應
攝受之。惡見外道應調伏之。二明於中五法中二言具行淨戒等
已上五文一一如合。謂前四種及於中五種一一皆於令他於有情二世
安樂法是由前二聚淨戒之所發起也。四明二世樂義。五勸結並
如之。第九明清淨戒分四。一顯二略分並如之。三別釋分十。一懷
遠離意樂果過，此初菩薩受戒等中言非謂等因義也。二言出離等
果。三身果也。正此十門義於取勝所以爲六義。初之二種於遠離意樂功德過
失。次之一種遠離加行過失。其次一種遠離求取過失。其次二種遠離
他不生信過失。第八一種遠離不希有利自過。後之二種遠離不信
[illegible]

所證義果　二依遠離惡樂果四無太深墮戒中言微薄悔愧等是

於他所受淨戒輕要作中則心懺ゝ重悔不名清淨戒　三言非處等

是於一懺ゝ後更若起其後心名為非處無罪中起有罪故

三不名清淨　三依遠離加行過所離懈怠三戒如此　四依遠離加行

過所離放逸二攝戒中三言五支等

五依遠離求取果所以亡取戒如此　六依遠離他不生信以愧則具

足戒中言諸威儀等是四威儀也　七依他不生信所淨命二攝

戒如此　八依遠離不自離所遠離戒如此　九依遠離求

所欲義所永出離戒如此　十依遠離不得所欲義所修先

所受無損失戒中云言無毀犯等於前所釋是無損失義　是唯犯

已便棄捨故　十依無破壞等是無盡減義是唯犯一戒而棄

捨一切戒故　本無物了緣所以

第五所得戒功德所利有二　一依因圓滿德究竟果位所利功德有二一利

故以支三言所是等也　二釋故以支云不是於此故不是　二依因未圓滿

BD01087v　騎縫簽名等

BD01088

金光明最勝王經卷五

（唐）義净 譯

216.9cm × 27.4cm

未来現在十方尊
我以至誠身語意
讚歎無邊功德海
設我口中有千舌
世尊功德不思議　最勝甚深
假令我舌有百千　讚歎一佛一切
於中少分尚難知　况諸佛德無邊際
假使大地及諸天　乃至有頂爲海水
可以毛端滴如數　佛一切德甚難量
我以至誠身語意　礼讚諸佛德無邊
所有勝福果難思　迴施衆生速成佛
彼王讚歎如來已　倍復深心發弘願
願我當於未来世　生在無量無數劫

[illegible]

諸佛出世時一現　扵百千劫甚難逢
夜夢常聞妙鼓音　晝則隨應而懺悔
我當圓滿修六度　拔濟衆生出苦海
然後得成無上覺　佛土清淨不思議
以妙金鼓奉如来　并讚諸佛實功德
因斯當見釋迦佛　記我當紹人中尊
金龍金光是我子　過去曾爲善知識
世世願生於我家　共受無上菩提記
若有衆生無救護　長夜輪迴受衆苦
我於来世作歸依　令彼常得安隱樂
三有衆苦願除滅　悉得隨心安樂處
於未来世修菩提　皆如過去成佛者
願此金光懺悔福　永竭苦海罪消除
業障煩惱悉皆亡　令我速招清淨果

業障煩惱悉皆亡　令我速招清淨果
福智大海量無邊　清淨離垢深無底
願我獲斯功德海　速成無上大菩提
以此金光懺悔力　當獲福德淨光明
既得清淨妙光明　常以智光照一切
願我身光等諸佛　福德智慧亦復然
一切世界獨稱尊　威力自在無倫匹
有漏苦海願超越　無為樂海願常遊
現在福海願恒盈　常來智海願圓滿
願我剎土超三界　殊勝功量無邊
諸有緣者悉同生　皆得速成清淨智
妙幢汝當知　國王金龍主　曾發如是願　彼即是汝身
往時有二子　金龍及金光　即銀相銀光　當受我所記
大眾聞是說　皆發菩提心　願現在未來　常依此懺悔

男子有陁羅尼名曰金勝若有善男子善女
人欲求親見過去未來現在諸佛恭敬供養者
應當受持此陁羅尼何以故此陁羅尼乃是過
現未來諸佛之母是故當智持此陁羅尼
者具大福德已於過去無量佛所殖諸善
本今得受持於戒清淨不毀不缺無有障礙
稱諸佛名及菩薩名至心礼敬然後誦呪
南謨十方一切諸佛　南謨諸菩薩摩訶薩
南謨聲聞緣覺一切賢聖
南謨釋迦牟尼佛　南謨東方不動佛
南謨南方寶幢佛　南謨西方阿弥陁佛
南謨北方天鼓音王佛　南謨上方廣衆德佛
南謨下方明德佛　南謨寶藏佛
南謨普光佛　南謨普明佛

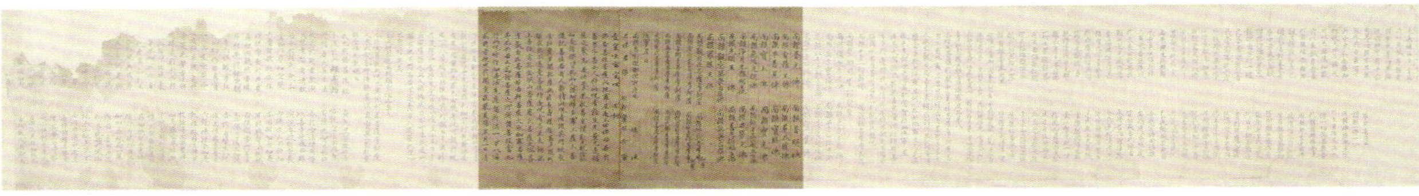

南謨普光佛　南謨普明佛
南謨香積王佛　南謨蓮花勝佛
南謨平等見佛　南謨寶髻佛
南謨寶上佛　南謨寶光佛
南謨無垢光明佛　南謨辯才莊嚴思惟佛
南謨淨月光稱相王佛　南謨花嚴光佛
南謨光明王佛　南謨善光垢稱王佛
南謨觀察無畏自在佛　南謨無畏名稱佛
南謨最勝王佛
南謨觀自在菩薩摩訶薩　南謨地藏菩薩摩訶薩
南謨虛空藏菩薩摩訶薩　南謨妙吉祥菩薩摩訶薩
南謨金剛手菩薩摩訶薩　南謨普賢菩薩摩訶薩
南謨無盡意菩薩摩訶薩　南謨大勢至菩薩摩訶薩
南謨慈氏菩薩摩訶薩　南謨善惠菩薩摩訶薩

君睇君睇　矩析囇矩析囇
壹窒哩蜜窒哩　莎訶
佛告善住菩薩此陀羅尼是三世佛母若有
善男子善女人持此呪者能生无量无邊福
德之聚即是供養恭敬尊重讚歎无數諸佛
如是諸佛皆與此人授阿耨多羅三藐三菩
提記善住若有人能持此呪者隨其所欲衣
食財寶多聞聰慧無病長壽獲福甚多隨所
願求無不遂意善住持是呪者乃至未證無
上菩提常與金城山菩薩慈氏菩薩大海菩
薩觀自在菩薩妙吉祥菩薩大氷伽羅菩薩
等而共居止為諸菩薩之所擁護善住當知
持此呪時作如是法先應誦持滿一万八遍
為前方便次於闇室莊嚴道場黒月一日清

BD01088　金光明最勝王經卷五

爲前方便次於闇室莊嚴道場黑月一日清
淨洗浴着鮮潔衣燒香散花種種供養諸
飲食入道場中先當稱礼如前所説諸佛菩
薩至心慇重悔先罪已右膝着地可誦前呪
滿一千八遍端坐思惟念其所願日未出時
於道場中食淨黑食日唯一食至十五日方
出道場能令此人福德威力不可思議隨所
願求無不圓滿若不遂意重入道場既稱心
已常持莫忘

金光明最勝王經顯空性品第九

尒時世尊説此呪已爲欲利益菩薩摩訶薩
人天大衆令得悟解甚深真實第一義故重
明空性而説頌曰
我已於餘甚深經　廣説真空微妙法

故我於斯重敷演　令於空法得開悟
大悲哀愍有情故　以善方便勝因緣
我今於此大衆中　演說令彼明空義
當知此身如空聚　六賊依止不相知
六塵諸賊別依根　各不相知亦如是
眼根常觀於色處　耳根聽聲不斷絕
鼻根恒齅於香境　舌根鎮嘗於美味
身根受於輕耎觸　意根了法不知猒
此等六根隨事起　各於自境生分別
識如幻化非真實　依止根處妄貪求
如人奔走空聚中　六識依根亦如是
心遍馳求隨處轉　託根緣境了諸事
常愛色聲香味觸　於法尋思無暫停
隨緣遍行於六根　如鳥飛空無障礙

隨緣遍行於六根　如鳥飛空無障礙
於此諸根作依處　方能了别於外境
身無知無作者　體不堅固託緣成
從虛妄分别生　譬如機關由業轉
地水火風共成身　隨彼因緣招異果
在一處相違害　如四毒蛇居一篋
四大蛇性各異　雖居一處有昇沉
遍於身　斯等終歸於滅法
海蛇中　地水二蛇多沉下
舉　由此乖違衆病生
於此身　造作種種善惡業
惡趣　隨其業力受身形
身死後　大小便利悉盈流
不可樂　棄在屍林如朽木

BD01089 大般若波羅蜜多經卷三二五

（唐）玄奘 譯

299.6cm×25.4cm

觸得無障礙於耳鼻舌
眼觸為緣所生諸受得
意觸為緣所生諸受得無障礙於地
障礙於水火風空識界得無障礙於
無障礙於行識名色六處觸受愛取有生
死得無障礙於離害生命得無障礙於離不
與取欲邪行虛誑語麤惡語離間語雜穢語
貪欲瞋恚邪見得無障礙於四靜慮得無障
礙於四無量四無色定得無障礙於布施波
羅蜜多得無障礙於淨戒安忍精進靜慮般
若波羅蜜多得無障礙於內空得無障礙於
外空內外空空空大空勝義空有為空無為
空畢竟空無際空散空無變異空本性空自
相空共相空一切法空不可得空無性空自性

礙於[illegible]
離生性法定法住實際虛空界不思議界得
無障礙於四念住得無障礙於四正斷四神
足五根五力七等覺支八聖道支得無障礙
於苦聖諦得無障礙於集滅道聖諦得無障
礙於八解脫得無障礙於八勝處九次第定
十遍處得無障礙於空解脫門得無障礙於
無相無願解脫門得無障礙於極喜地得無
障礙於離垢地發光地焰慧地極難勝地現
前地遠行地不動地善慧地法雲地得無障
礙於五眼得無障礙於六神通得無障礙於
三摩地門得無障礙於陀羅尼門得無障礙
於佛十力得無障礙於四無所畏四無礙解
大慈大悲大喜大捨十八佛不共法得無障
礙於順逆觀十二支緣起得無障礙於知苦

礙於順逆觀十二支緣起得無障礙於知苦
斷集證滅脩道得無障礙於預流果得無障
礙於一來不還阿羅漢果得無障礙於獨覺
菩提得無障礙於入菩薩正性離生位得無
障礙於嚴淨佛土得無障礙於成熟有情得
無障礙於起菩薩神通得無障礙於一切智
得無障礙於道相智一切相智得無障礙於斷
一切煩惱相續習氣得無障礙於無忘失
法得無障礙於恒住捨性得無障礙於圓滿
壽量得無障礙於轉法輪得無障礙於正法
住得無障礙所以者何善現是菩薩摩訶薩
從前際來不攝受色不攝受受想行識不攝
受眼處不攝受耳鼻舌身意處不攝受色
處不攝受聲香味觸法處不攝眼界不攝受

識界不攝受眼觸不攝受耳鼻舌身意觸不
攝受眼觸爲緣所生諸受不攝受耳鼻舌身
意觸爲緣所生諸受不攝受地界不攝受水
火風空識界不攝受無明不攝受行識名色
六處觸受愛取有生老死不攝受離害生命
不攝受離不與取欲邪行虛誑語麁惡語離
間語雜穢語貪欲瞋恚邪見不攝受四靜慮
不攝受四無量四無色定不攝受布施波羅
蜜多不攝受淨戒安忍精進靜慮般若波羅
蜜多不攝受內空外空內外空空空
大空勝義空有爲空無爲空畢竟空無際空
散空無變異空本性空自相空共相空一
切法空不可得空無性空自性空無性自性空
不攝受真如不攝受法界法性不虛妄性不

BD01089　大般若波羅蜜多經卷三二五

切法空不可得空無性空自性空無性自性空
不攝受真如不攝受法界法性不虛妄性不
變異性平等性離生性法定法住實際虛空
界不思議界不攝受四念住不攝受四正斷
四神足五根五力七等覺支八聖道支不攝
受苦聖諦不攝受集滅道聖諦不攝受八解
脫不攝受八勝處九次第定十遍處不攝受
空解脫門不攝受無相無願解脫門不攝受
極喜地不攝受離垢地發光地焰慧地極難
勝地現前地遠行地不動地善慧地法雲地
不攝受五眼不攝受六神通不攝受三摩地
門不攝受陀羅尼門不攝受佛十力不攝受
四無所畏四無礙解大慈大悲大喜大捨十
八佛不共法不攝受十二支緣起順逆觀不
攝受知苦斷集證滅脩道不攝受預流果不

生不攝受成熟有情不攝受菩薩神通不攝
受一切智不攝受道相智一切相智不攝受
斷一切煩惱相續習氣不攝受無忘失法不
攝受恒住捨性不攝受圓滿壽量不攝受轉
法輪不攝受正法住何以故善現色不可攝
受故若色不可攝受則非色受想行識不可
攝受故若受想行識不可攝受則非受想行
識善現眼處不可攝受故若眼處不可攝受
則非眼處耳鼻舌身意處不可攝受故若耳
鼻舌身意處不可攝受則非耳鼻舌身意處
善現色處不可攝受故若色處不可攝受則
非色處聲香味觸法處不可攝受故若聲香
味觸法處不可攝受則非聲香味觸法處善
現眼界不可攝受故若眼界不可攝受則非

味觸法處不可攝受則非聲香味觸法處善
現眼界不可攝受故若眼界不可攝受則非
眼界耳鼻舌身意界不可攝受故若耳鼻舌
身意界不可攝受則非耳鼻舌身意界善現
色界不可攝受故若色界不可攝受則非色
界聲香味觸法界不可攝受故若聲香味觸
法界不可攝受則非聲香味觸法界善現眼
識界不可攝受故若眼識界不可攝受則非
眼識界耳鼻舌身意識界不可攝受故若耳
鼻舌身意識界不可攝受則非耳鼻舌身意
識界善現眼觸不可攝受故若眼觸不可攝
受則非眼觸耳鼻舌身意觸不可攝受故若
耳鼻舌身意觸不可攝受則非耳鼻舌身意
觸善現眼觸為緣所生諸受不可攝受故若
眼觸為緣所生諸受不可攝受則非眼觸為

受不可攝受則非耳鼻舌身意觸爲緣所生
諸受善現地界不可攝受故若地界不可攝
受則非地界水火風空識界不可攝受故若
水火風空識界不可攝受則非水火風空識
界善現無明不可攝受故若無明不可攝受
則非無明行識名色六處觸受愛取有生老
死不可攝受故若行乃至老死不可攝受則
非行乃至老死
善現離害生命不可攝受故若離害生命不
可攝受則非離害生命離不與取欲邪行不
可攝受故若離不與取欲邪行不可攝受則
非離不與取欲邪行善現離虛誑語不可攝
受故若離虛誑語不可攝受則非離虛誑語
離麤惡語離間語離雜穢語不可攝受故若離

BD01089 大般若波羅蜜多經卷三二五

受故若離虛誑語不可攝受則非離虛誑語
離麤惡語離間語雜穢語不可攝受故若離
麤惡語離間語雜穢語不可攝受則非離麤惡
語離間語雜穢語善現離貪欲不可攝受故
若離貪欲不可攝受則非離貪欲離瞋恚邪
見不可攝受故若離瞋恚邪見不可攝受則
非離瞋恚邪見善現初靜慮不可攝受故若
初靜慮不可攝受則非初靜慮第二第三第
四靜慮不可攝受故若第二第三第四靜慮
不可攝受則非第二第三第四靜慮善現慈
無量不可攝受故若慈無量不可攝受則非
慈無量悲喜捨無量不可攝受故若悲喜捨
無量不可攝受則非悲喜捨無量善現空無
邊處不可攝受故若空無邊處不可攝受則
非空無邊處識無邊處無所有處非想非非

有處非想非非想處
善現布施波羅蜜多不可攝受故若布施波羅
蜜多不可攝受則非布施波羅蜜多淨戒
安忍精進靜慮般若波羅蜜多不可攝受故
若淨戒安忍精進靜慮般若波羅蜜多不可
攝受則非淨戒安忍精進靜慮般若波羅蜜
多善現內空不可攝受故若內空不可攝受
則非內空外空內外空空空大空勝義空有
爲空無爲空畢竟空無際空散空無變異空
本性空自相空共相空一切法空不可得空無
性空自性空無性自性空不可攝受故若外
空乃至無性自性空不可攝受則非外空乃
至無性自性空善現真如不可攝受故若真
如不可攝受則非真如法界法性不虛妄性

BD01089　大般若波羅蜜多經卷三二五

如不可攝受則非真如法界法性不虛妄性
不變異性平等性離生性法定法住實際虛
空界不思議界不可攝受故若法界乃至不
思議界不可攝受則非法界乃至不思議界
善現四念住不可攝受故若四念住不可攝
受則非四念住四正斷四神足五根五力七
等覺支八聖道支不可攝受故若四正斷
乃至八聖道支不可攝受則非四正斷乃至
八聖道支善現苦聖諦不可攝受故若苦諦
不可攝受則非苦聖諦集滅道聖諦不可攝受
故若集滅道聖諦不可攝受則非集滅道聖
諦善現八解脫不可攝受故若八解脫不可
攝受則非八解脫八勝處九次第定十遍處
不可攝受故若八勝處九次第定遍處不

受則非空解脫門無相無願解脫門不可攝
受故若無相無願解脫門不可攝受則非無
相無願解脫門
善現極喜地不可攝受故若極喜地不可攝
受則非極喜地離垢地發光地焰慧地極難
勝地現前地遠行地不動地善慧地法雲地
不可攝受故若離垢地乃至法雲地不可攝
受則非離垢地乃至法雲地善現五眼不可
攝受故若五眼不可攝受則非五眼六神通
不可攝受故若六神通不可攝受則非六神
通善現三摩地門不可攝受故若三摩地門
不可攝受則非三摩地門陁羅尼門不可攝
受故若陁羅尼門不可攝受則非陁羅尼門
善現佛十力不可攝受故若佛十力不可攝

BD01089　大般若波羅蜜多經卷三二五

善現佛十力不可攝受故若佛十力不可攝
受則非佛十力四無所畏四無礙解大慈大
悲大喜大捨十八佛不共法不可攝受故
四無所畏乃至十八佛不共法不可
非四無所畏乃至十八佛不共法善
緣起順逆觀不可攝受故若十二
觀不可攝受則非十二緣起順逆
苦斷集證滅脩道不可攝受故若
證滅脩道不可攝受則非知苦斷集
頌諸

BD01090　目連問戒律中五百輕重事

527.5cm × 25.8cm

……坐不　荅都不失……
……經受犯蘭若無貪心受　……鉢得取
得憑机捉塵尾不　荅病得憑机捉塵尾犯蘭非無
不荅犯蘭　問師具著俗服得向說法及祀不荅得
問白衣頭上有帽得為說法不荅不得　問經上有……
問比丘得客書經取物不　荅不得取〻犯捨墮
為犯逆斷不憬意犯蘭　問戒律不用流落在地得燒不　荅不得不知有罪燒犯蘭若
知燒有罪故燒犯逆斷与方便破僧同亦如燒父母

結界法第三

問結界法為云何荅結法若山澤無人處隨意近遠若在城邑聚落不得盡結亦不得
犯結〻時要須比丘四角頭立不得使外人入〻則結不成先結界場僧家奴子白衣
盡著界場上然後須度四方結界時當除四處一者聚落二者聚落外俗人田
地常作事處三者若有阿練若獨處山澤恐說戒羯磨時有餘事難不得常來
白眾亦別結小界眾若聽可彼無五人衆當遣僧与別結界此謂阿練若坐處四者
受戒場先結界文不舂灼除結界場除是結界似是其事或先結大界後結場於

別界訖然後還結大界一切比丘起不捨衣不得入中有一住處有界一比丘亦可打揵
椎廣說戒先向四方僧懺悔然後乃說亦可三語三語者謂三說戒 問諸結界得通
佛地結不答得但不得於中受戒若不知法已受戒得師僧若知違故有罪
問行船上得結界不答船住得若有沙弥白衣驅着岸上後結界若不驅出當鄣
障着一處然後結界結界後比丘起不持衣不得入中 問大僧盡行唯有沙弥在界為
在不答但有一清信士界便不壞況復沙弥盡无一宿界壞若僧盡去不還亦不須
解 問賊來界裏煞比丘界壞不答不壞 問一人至四人行道或在白衣家得結界
不答不得五人以上得結界 問結界得通流水地不 答一切障水盡得分流不得以不知
齋畔故 問結界後不打揵椎界壞不 答不壞 問結界得通王路不
答得當結界時遣人兩頭斷行人然後得結 問先无主地可結界不
答得便如斷節日法問先結界後有大水或掘塹長十步五步或復於中
行欲此界壞不答盡不壞其人云假使有假掘大海深廣一由旬界猶不壞
況小小海 問比丘得比丘尼界裏宿不 答得亦不失衣但不具垣內 問僧結界竟
後來僧共住不持衣失不 答不失當結界時通三世僧故 問僧集不得結
界不 答有事囑授得无事不得 問一結界得逕幾時 答不限年數若施

BD01090 目連問戒律中五百輕重事

界不　答有事囑授得无事不得　問一結界得延幾時　答不限年數若施
至更增地乃更結界　問先僧結界不解而去後來僧得於中結界不　答得
問結界場時要須集一切僧爲隨意多少　答五人以上得以无大界故衆不
集无罪　問結界場要須至戒場上亦得遙結　答要須至上乃得結
問二界結界得互相又結不　答不得相又得共通結无苦　問一界有栗得鳴
揵椎不　答得但不得二處說戒及羯磨種々僧事唯得燒香飯食而已
問大僧得与尼通結界不　答不得　　歲坐事第四　問夏中幾日得結坐
答從四月十六日盡五月十五日可結此謂坐初事難不得結或五三日至月盡不失
前坐此名卅日結坐一日受歲後坐人唯得一日結坐通七月十五日後有事難日々可
受歲盡八月十五日此名一日結坐卅日受歲　問結坐要受七日法爲坐初要爲臨
行時受　答若坐初受者好若坐初不受亦可臨八时受夫受七日法行不滿七日
還後須更受計滿七日然後更一七二七可至三七　問夏坐中不受牀坐房舍十二物得
坐不　答不須受　問夏坐中若三寶事若疾病種々衆難得移坐不　答得坐初
當白衆々中豫受卅九日法受卅九日法已有事便出界卅々九々日々滿得還好
若不得亦可彼處受歲无犯若坐初不受臨行時受亦得受若坐已滿卅九日者

有結不知有坐〻受歲得知便應向僧悔若先知法故違不得　問不結坐得歲不
答同上事　問夏坐中得入流水池水浴不　答界內盡得若受七日行還亦得　問夏中犯
波斷不悔受歲得不　答有罪故得歲所以尒者故是比丘故　問受歲不和合得
歲不　答要須懺悔然後受歲若其人不悔復出得不若不肯出衆當諫過三諫
不受犯波斷過四諫犯重若力能驅出界好若其人不出當牢閉著一房中然後歲
无犯以其非是比丘故若惡人多衆不敵當擯出界若共受不得歲　問夏中得為〻
師造福業不　答得但不得自手造　問夏中得提扇拂不　答一切毛不得提竹
扇得　問後坐人得七月十五日受歲起去不　答不得若先知已受得歲若
知法故爲不得若欲和合僧訖受籌而已若後坐人受歲時前坐人亦尒
問二人同臘小者前坐大者後坐前坐受歲後坐者未受於一月中何者應大
答先者大故大許本日故　問夏中不受七日法難小〻出界故坐不　答懺悔得
問夏中有一因緣得無三受七日不　答得　問夏中不坐人或十人乏欲來寄住得
共受歲不　答若及後坐當結若不及後坐不得此人若全不知有坐法得容若知
有故違不得　問夏坐中若爲三寶事若疾病種〻衆難得移坐不　答得坐初當白
衆〻中〻与受廿九〻日法已有事難便出界廿九日〻滿得還好若不得亦可彼處歲受

BD01090　目連問戒律中五百輕重事

衆〻中〻与受卅九〻日法已有事難便出界卅九〻日〻滿得還好若不得〻可彼處歲受
无罪若坐初不受臈行時〻得受若坐已滿卅九日者有便事出界不須還受若不還〻
不得彼處受歲　問不結坐處不受七日已受臈得不答不知法已受臈不得若已下僧一
諫即好過三諫不取犯戾語決斷懺悔還取得當時白衆〻然可乃得　問比丘衆不
受歲犯何事若一比丘不受歲衆當諫使受一諫至三諫受好若過三諫不受犯
決斷過四不受非沙門以不受育法故　問夏坐新受戒人日中結坐得歲不答得唯
後犯不得　問夏坐忌不受七日法一出行得坐不　答憶即悔得一坐中不得過〻三〻悔
不得歲　問預至某方結坐有事不達得遙坐不答不得正可到彼後坐若道有僧
住處便就結坐住白一日二日治房舍然後受卅九日得去无僧住五人以上共結界結坐然後留
一人二人守界滿卅九日乃得去若後人不滿卅九日去者前去不知不失坐後人失　問一人至四
人得白衣家結坐不答有界得无界不得五人以上得結　問一人靜處得結坐不答先有
結界二人以上得一人不得无人共受坐故无界盡不得若欲別坐當更請僧結界結坐
然後結得　問受比丘受歲時天雨得屋中受歲不答得　問夏坐中受他淨施及受他
寄物或逕十日至三月得尔不答不住貪意受不須限時節　問夏坐中界裏不住有
為事應得坐不答福事得指授餘事不得　問受坐支〻房舍破當脩補治為謂始

問一人得度沙弥不 答二人乃得 問度沙弥得遣請和上不 答得 問未滿五臈度人犯
何事 其弟子戒為得不 答若知非法而度犯墮 三諫不止決斷 若弟子不知是非得戒
若知不得 問比丘都不誦戒 又不知種僧事 而多度人 或作三師 有犯不
答此人尚不應食人信施 況復度人 問若人欠毋王法不聽比丘盜將去度犯何事
答犯重 若官人走奴投比丘為道 比丘若知而安止未度亦犯重 問若兒前出家父後出家
来拔其兒得度不 答得 問犯戒比丘得度人不 答若犯重者无度之理 若犯決斷事同上
未滿五臈者 若犯餘輕戒 要先儀悔 然後得度

受戒事第六

問沙弥犯十戒 戒一二三不悔 受大戒得不 答若憶而不懺 不得 都不憶 有不知法已
受得 夫受戒之法 師應問沙弥不犯戒 不若言犯 即教悔 若本師不問 檀上師應
問 若都不問 師犯墮 問已受大戒得悔沙弥時所犯不 答得悔 法同沙弥 問沙弥
檀上欲受大戒 戒着借服及着履葠戒衣鉢不具 假借當時 為得戒不 答着借服
師不問 其餘亦盡得 師僧犯墮 問檀上師或着借服 或犯戒受戒者 為得不
答受戒人知是非法不得 不知得 問受戒時眾僧不和 或時相罵 為得戒不
答若檀上僧和便得 不和不得 問受戒為有時節不 答唯後夜不得 初夜中夜无礙
獨亦不得 須稠都形色 問受戒時值天雨 更移戒場屋下受戒 為得戒不

BD01090　目連問戒律中五百輕重事

嬾亦不得須相貌形色 問受戒時値天雨更移戒場屋下受戒為得戒不
答欲移戒場當先解大界更結界場乃得受戒不尒者不得 問受戒時或有
事難不得究竟是大比丘非 答但三羯磨訖便得 問受戒晝十三事後誦戒
師和上不續教戒得是戒不 答若師不教逕十五日說戒時專心聽便得
問受戒時三衣不具有持衣負戒條不竟或截不截得當衣不 答盡不得
問受戒時衆僧難得限齊幾僧得受大戒 答除三師五僧已上得 問沙彌
曾詐稱為大道人受大比丘禮後得受大戒不 答不得 問沙彌辭師行事難不
得還辭於彼處請依止師受戒得戒不 答不得 問比丘誘他沙彌將去至異處與
受大戒彼衆若知應聽不 答若其師有非法事沙彌及將去者无罪若无非法將
去者犯重擯上師僧犯隨昔有老比丘唯有一沙彌瞻視有一比丘輙誘將去此老比丘
无人看視不久命終因此制戒不得誘他沙彌誘者犯重若有比丘見他沙彌瞻視老
病教使捨去沙彌若去此比丘犯重

受施事第七

問比丘受檀越請四事供養所受物得分施人不 答得 問已受四事長請小小緣事出
行時食外食得服外藥不 答施主聽乃得 問他人欲施比丘物先問有无資自
有以貪心欺彼言无他即施物犯何事 答貪取犯捨墮妄語犯墮 問若僧衆食偏

唱不　答須僧唱　問大比丘羯磨分物時居來界內應得分不　答應得
問有人寄物施一處僧物至後更有比丘來分時在坐應得分不　答打揵槌不得
問比丘行道中婦人施物得取不　答親里若相識得取　問比丘行道中比丘尼施
物得受不　答眾得受非眾不得　問供僧齋來僧去齋主得用供後僧不
後人得食不　答打揵搥得食若不打揵搥一飽犯棄　問四月八日觀物七月十五日本僧
已去寺主取与後僧分取者犯何事　答打揵搥現僧共分无罪若不打犯盜
有問白衣貰覲本道人已去与後人人得分取不　答應問主人本道人來不若言永不
來呪願取若言或來不得分取若犯捨墮知犯取犯棄是僧物故　問治生得物施
人衣食得受不　答取衣犯捨墮窮厄无食處彼使白衣作可食治生道人當白眾此物非
我物是使人物若分可食若主不白眾食者犯墮之三之亦可白若道人施使人使人
便言是我物此可食　問比丘得出物不　答不得犯捨墮　問比丘食或銜一口飯味之
取一揣飯棄犯何事　答犯墮　問乞食長得与人不　答无貪心取有長得施眾生
若无眾生舉著樹頭有眾生噉好若无明日自取水取食不得棄以信施重故
所以還自取者以更无主故如辯單日取食法　問主人慇懃得長受請不　答若
其處得行道无衆難无斷乏得住　問主人請食得遣人代不　若主人无亦得主

BD01090　目連問戒律中五百輕重事

其處得行道无衆難无斷无得住　問主人請食得遣人代不　若主人无有得主
人檀代去者犯墮　問鬼子母食可食不　答呪願已然後可食　問施比丘牛馬奴
婢供養直得取不　答得取不得用買弓刀一切不得取是　問人人自出物供齋已
竟去餘物後來僧得食不　答打揵椎得不打不得犯盜　問比丘共滕食已他分犯何
事　答問聽无罪不聽犯墮若不問亦犯墮何以不犯盜者以共牟是故　問比丘之前
人問好比丘非　答是好得物犯何事　答實好言好犯墮不好言好犯棄
問比丘一切長物施人言我後須還自取得不　答得与可信者然後更語一人我物施某比丘
若取還語不語不得輒取

病疾事第八

問比丘病得離鉢食不　答重病得小小病不得　問比丘病三衣不持犯何事　答大困无所
識知得有覺不得　問看病人不語病者私用錢与他病人作食犯何事　答若用五錢犯
棄若後語病者歡喜不犯若病者嗔不償亦犯棄　問爲病故主人供百錢五十便足
餘者得与餘病者作食不　答病者自与便得　問病求无人看比丘得与作食不
答澤澤山无人處无日中不得往還得作七日先淨末後乃取作得　問病人須酒一二升下藥
可与不　答若師言无差得和藥服不得空服　問比丘病得服氣不　答不得同外道故
問比丘腫病得使人嘘呪不　答得　問比丘病困或闕三衣鉢器施衆或買用作福犯
[illegible]

羯磨不打揵椎而羯々磨々而不打揵椎々亦不羯磨盡犯棄所以尒者一切亡比丘物
盡屬四方僧故不得輒分若界外五人以上得羯磨分不須打揵椎以无界故四人以下
不得羯磨分若羯磨分犯棄當賫諸僧中若自取賫去至異衆物入界不犯出
則犯棄如是復至餘衆一出界一犯棄弟子持師物去亦尒　問比丘々弟子不持師物
与衆輒自分處供養衆僧々亦食不荅其弟子先知法者有罪僧打揵椎不
羯磨而食犯隨　問若師亡僧羯磨分物弟子應得分不荅應得即是僧故　問若師
亡更无餘僧唯有弟子或五或十得羯磨分此物不荅即是僧應得分但打揵椎羯
磨不打揵椎不羯磨不得　問病者无常供病餘物後人得与餘病人用不荅從僧
物不得輒与々直五錢犯重　問師徒父母兄弟死得哭不荅不得一舉聲一犯隨亦可
小々啼泣而已　問或比丘死時在羯磨時不在或死時不在羯磨時在荅應分不
荅及羯磨者盡得死時在羯磨時不在不得　問比丘死後人与買棺木衣服葬
埋与者犯何事荅白僧々与還直僧々竭支自餘應入僧物一切不得埋々過
五錢犯棄弟子私物得若亡者不知法自分處与者无罪　問父母諸親死比丘
得与雜衣棺木殯埋不荅不得若父母貧苦病无人供養乞食与半若自
缺小々紡績緣事不得与々食犯隨与衣犯捨滿若无復棺木殯埋　問病者无常

BD01090　目連問戒律中五百輕重事

得与雜衣棺木殯埋不　答不得　若父母盲若病无人供養乞食与半若自
餘小小紡績緣事不得与　乞食犯隨　与衣犯捨　況復棺木殯埋　問病者无常
衣鉢先与看病者竟不羯磨看病者買為飯僧与淨食不　答衆不羯磨食
衆各犯隨　若看病者不知法已作羯磨得食　若未作衆當法語　問比丘借他
人物前人死得還自取不　答一切不得自取取犯突吉羅　白衆還乃得　衆若不還
衆犯突吉羅　衆若不与强取犯隨　問比丘得為亡師造塔及形像不　答自物得
不得用師物作　問比丘得向師塚禮不　答得　難曰生是我師已死常非比丘唯有
枯骨而已何由向禮　答若佛在世應供養恭敬　涅槃後亦是枯骨何以供養　師
生時以法益人死後亦應恭敬有何過　問分物時羯磨以訖更有僧來應得分不　答
三羯磨訖不應得分　若及後一羯磨者應得

三衣法第十

問三衣浣要須捨不　答須捨　若不捨犯隨　當捨之還乃得取更受　問三衣盡得褷成
不　答大衣得　中小衣不得　問小衣得著繞上講不　答无中衣得　若不近身淨潔
亦得　問浣衣出帛得用米粉不　答不得犯隨　若曰曰從沙彌白衣受乃得著
問三衣應施裏不　答不施裏亦得　問大衣得著上講禮不拜　答无中衣得　問三衣得用生
絹作不　答一切生絹衣不見身者乃得著　問比丘回忿自壞衣鉢錫杖犯隨　若壞他物計

復須施人答破穿猶子脚便應施人〻還乃得補受若先補後施人亦得
鉢事第十一　問鉢云何失答摖鍛若穿孔若列若油不捨盡是失摖鍛穿孔不可復治
列者擬已施人〻還更受油不捨亦尒若棄出界逕宿不失　問鉢得合囊著辟上不
答若神裹得合淨處若囊分辟上好不得處著辟上昔六群比丘處鉢辟上蘭地即
破佛因此制戒自今已後不得處〻鉢〻辟〻上〻者犯蘭〻地破犯捨蘭　問比丘早起得鉢中
食不〻用有事不答一切食皆用鉢若一日都不用犯蘭　問比丘食飯〻盡得嗒鉢枯
取飯不答得　問食飯已訖更噉餅[菓]手得離鉢不答得若食未訖亦得暫離
問比丘食鉢要須當擎亦得放地不答要當擎若放地亦不犯戒　問器盛飯高著鉢中
食得不用鉢食不答不得犯墮　問鉢得借人食不答得　問鉢得炊作食不答不捨炊
犯捨墮捨炊犯墮　問鉢大小齊幾許應受　答減一升過三升不應受持
雜事第十二　問比丘或被劫盜物未出界主見本物不知誰盜得取不答得取即同九
十事寶相似者當先令看有何者不得取无疑者當白衆得取若无衆作內物亦得
取不以為已物取　問衆僧打揵椎食而限外僧不与食犯何事　答犯蘭便是求利
問先比丘教化作百人齋長一人至十人應受不教化比丘有犯不　答若作打揵椎食受教化
无犯所以尒者打揵椎請僧多有何過夫打椎法要作意請四方僧〻來若多若少一切外

BD01090　目連問戒律中五百輕重事

无犯所以尒者打揵稚請僧多有何過夫打稚法要作意請四方僧僧來若多若少一切入
財飲食其於无始 問比丘教化白衣供養衆若有外人過來乞索得與一升五升不
答不得若知非法故與過五錢犯棄若白僧僧若聽得問主人供養長請僧一日百錢用五
十日供殘者餘用得不答打揵稚不得若无衣鉢不打稚衆和得共用若自損施家僧
家善 問主人請比丘十日供養依十日食錢作五三日好食犯何事 答不犯但不得
更索索犯墮若不滿十日去亦犯墮 問主人請供十日食自損作一月食得不答打稚得
若不打稚僧並有去者若不施後後人人食已盡食他分一飽犯棄不飽犯墮
問父母兄弟破壞得无物贖不 答得但不稱已須无時稱為父母兄弟乃得若有用說有長不得
自入還屬所贖者若輒自用其所親不懺犯捨墮若懺不償犯棄 問得至沽酒家乞貯
不无事緣時得坐語不 答沽酒家門一切不得入若入犯墮更有餘門得入若請比丘會
當問尒是能一日戒不若言能與受得法若不受但能一日不沽酒得法屠兒家亦如尒
問勸人飲酒犯何事 答強勸不飲犯突吉羅若飲犯墮 問比丘寄白衣物世人過期不還
與餘比丘得取不 答不得取若諸是有主物若死是僧物 問比丘墓得把火行不 答冬時得是
中燃燭亦得若捉火犯墮 問人盜佛物法物得偷奪取不 答得以非已物佛法物偷還得取
問本物直一疋日行至他方賣得五三疋可得取不 答不得犯捨墮 問一切戲負他物不償犯

處分當衆僧飲食以手搖器物言汝是用是日忽不悟命終之後墮餓鬼中有一比丘得
羅漢道欲便上廁聞呻嘆聲問言汝是誰答言我是餓鬼問本作何行墮餓鬼中答於
此寺為僧執事問汝本精進何由墮餓鬼中答持不淨食与僧故致斯報无著問云何
不淨 答衆僧有種〻罷器盛食具以指涇器取是物用初時犯墮逆三説戒不懺悔至
增重以是之故墮餓鬼中而手擗胸裂突破嘷嗥吹嚓問何故擗胸答舌皺身痛故問何
以嘷嗥嚓以口中有炎故問何以呻嘆答飢極欲死故問欲食何等答意欲食糞而不能
得問何故不得以諸餓鬼多見推排不得前无著言我知奈何鬼言願衆僧見為呪願
答可尔无著即還向衆僧説其因緣衆僧即問本精進人何故墮餓鬼中答云本与不淨
食与僧而食以不悔故願僧与呪願即為呪願便得食糞不復呻嘆以是證故知大比丘
不得手造飲食及乘器物若非僧器要得行与僧无犯僧器一切不得觸
問師命弟子販買作諸非法得違不答得違捨去弟子有四因緣應住一者与法与食
不与衣鉢應住二者与法衣鉢不与食應住三者与法衣鉢食應住四者与法不与衣
鉢食應住若都不与法衣鉢食者應去 問夫淨法何者須淨〻有幾種 答菓菜須
刀火手淨唯繫米須火淨菓已淨食子无苦 問犯罪得著鞋履鞾不答淨潔者得
問畫得作幡華賣得物犯何事 答犯捨墮 問比丘教他販賣犯何事答犯捨墮

BD01090　目連問戒律中五百輕重事

問畫得作幡華賣得物犯何事 答犯捨墮 問比丘教他販賣犯何事 答犯捨墮
問比丘畜女牛馬犯何事 答犯捨墮不悔轉增如上 問白衣投比丘為道未度得食僧食不
答當白僧〻若聽乃得不白犯墮 問為僧先已身得食不 答若去時先白僧〻聽得 若去
時不白還白聽亦得若不聽還償食直若不償犯棄 問若他存食具寄室中逕宿有犯不
答不犯 問燈明油一二升得寄自房中不 答得 問都不用楊枝有犯事不 答犯墮 問天未曉
得用楊枝不 答不得 早〻用〻犯墮 明星出後得用 問中食已漱口得用楊枝不 答得用 若不用但用
然灰皂莢汁若都不用犯墮過中亦犯墮過中後一切草木有形之物不得入口〻〻犯墮 問若無楊
枝得用一切餘草木不 答得用 問貧者得入市乞索不 答中前得中後不得 亦不得乞錢 若欲
乞錢當將白衣沙彌亦得 問人從比丘賣遠之得不 答初時得後來不得 問比丘戲得物作食請
比丘得食不 答不得 犯墮 問比丘不精進可勸羅漢道不 答無此理 問合藥施人不而取齎帶
服者若死犯何事 答好心与無犯 惡心与者犯重 問一切鬼神屋可寄宿不 答行路得宿
有觸擾意往犯墮 問比丘噉生宍犯何事 答犯墮 問二男行欲不竟犯何事
答犯決斷 問二男欲口戲相擬便止犯何事 答犯戒者犯決斷 問何以牀席上他人上行
欲其處可住不 答若見處不淨洗可住 問早起小食須唱不 答僧食一切須唱前
食者犯墮 問已唱僧跋上坐未食下坐先食犯何事 答聞便食不犯 問比丘不具六

戒有痛處比丘以手案此處犯何事　答起心犯決斷不起犯隨　問姊妹乞无兒
息諮比丘我欲方術比丘即教犯何事答犯決斷　問寄比丘物與人竟不與犯何
事答自取不還犯重若著故破還計直輕重　問比丘歸犯何事答聚落衆中一作犯
隨三諫不休犯決斷　問聚落中都不著三衣犯何事答犯隨　問聚落中捉弓
刀看犯何事答先不知无犯知者犯突吉羅　問比丘寄乘犯何事答特者一法犯隨
過三諫不止犯決斷　特者一戴成決斷　問聚落中比丘看白衣鬪犯何事答犯隨
問比丘蹔捉碁子而不戲犯何事答犯隨　問聚落中三歲男兒鳴口犯何事答
犯隨　問聚落中合白衣相撲犯何事答犯突吉羅　問聚落中看白衣合畜生犯何
事答知非法故看者犯隨不知不犯內起婬心口有染污言犯決斷　問比丘食不足得
囑求受具戒者不答得唯除婆羅門　問山中曠野見无主器物可取不答得
用要須語王若王家人若語餘人得用不得持去不犯捨隨　問道人作醫如師得物不
答若慈心治得作取物不得若无衣鉢前人與取得若有衣鉢前人強與爲福得取若人
不與之不得爲福乞爲己犯捨隨　問食神戒有醬菜飯粒隨上要須洗不答若不
洗行之須曰洗若有沙彌白衣付之後從受不犯若已付著室中无答若不付有不日洗
犯隨　問私房出小行不關門有犯不答犯隨　問比丘私房中拍手大喚犯隨　問擲遏

BD01090　目連問戒律中五百輕重事

犯隨　問私房出小小行不閉門有犯不答犯隨　問比丘私房中拍手大笑犯隨　問擲過
小小水坑不答不得犯隨　昔有優婆塞請一比丘欲与作一領好衣比丘尋即隨去中道
有一小水比丘便擲渡此優婆塞即嫌心念我謂好比丘欲与一領衣便跳擲溝坑我即
當与半領此比丘无是着人即知其心前行見水故爲復擲賢者復念我歸當与三張
㲲疊前行見水復擲過賢者復念我歸當与二端㲲布復知其念前行見水復
擲過賢者復念我歸當与一頓食无着復知其所念前行見水便舉衣涉渡賢
者問比丘何以不擲度比丘言欲前与我一領衣以擲過水正得半領復擲正得一張
㲲疊復擲正得一端㲲布復擲正得一頓食今我所以不擲者恐失此一頓食
賢者乃知得道人便向懺悔將歸大供養以此驗之知比丘不得擲度坑水
問比丘送犯何事答犯隨有急事難不犯　問人出家之後還來盜本家物犯何事答犯
棄所以尔者初出家時一切盡捨非復已物故　問比丘本在俗時共父母兄弟藏物出
家已後家人死盡比丘來取犯何事答自取犯棄若有所親白衣可語使取作福
應半与人所以尔者此物无主應屬官不得全取　問師更受或小於弟子弟子得爲下
或下贈及在下坐不答不得下得爲作禮不答无此理　問比丘行他田或有苗稼或无苗犯
何事答有苗犯隨有急事无犯无苗盡得　問大債人已發露或五三日或有事難

得踏田行不答得　問比丘未滿五臈不請依止師犯何事答不依止師若飲水食飯坐臥
牀席日日犯盜若先不知法猶得懺　問比丘或十臈五臈不誦戒犯何事答罪同上不依止者
問比丘市買自譽己物過賈前人生信　貴買犯何事答犯盜　問比丘行迴路有食无人授
云何得食答自得小餅一年從食便止過便犯墮　問比丘遠行或世儉或迴无人處得賷糧不
答不得犯墮　問比丘行船上水大牢不得下岸水中便利不答不得　問比丘書經着竹木上誦訖
拭去字犯何事答犯墮　問比丘未滿五臈得並誦律不　答不得乃可為粗教戒而已若誦犯
墮　問比丘歎還俗但答大戒不捨沙彌戒故是沙彌非　問比丘晝眠犯何事答開戶不得犯墮
問比丘得倚壁伏地不答教房得衆中不得犯墮　問比丘合內都不著三衣犯事不答若坐禪誦
經不着犯墮　問比丘行道着泥洹僧須翻膝脚不答大寒得　問比丘畜染器犯何事
答染器木器畫又得用之犯墮　問比丘已食手或棠飯食汙手得用受食不答得
問比丘至坐房中不命坐輙坐犯何事答犯墮　問比丘遶塔比丘尼優婆塞優婆夷隨後斷
有犯不答若有優婆塞无犯　問比丘生菓已淨有核得食不答得　問弟子遠行寄
師衣物或師弟子過期不還或逕年歲可取用不答若去時无言不得用若知在
是有主物若死是僧物　問比丘教白衣使不祭一切之人爲是理不答非使父母不食敬
心供養然得其福隨餓鬼或能得食　問衆中得共師並坐不答衣不接得不得共膝會

BD01090　目連問戒律中五百輕重事

心供養亦得其福閡餓鬼或能得食　問衆中得共師並坐不　荅衣不接得不得共膝倚

問比丘裹三衣犯佛犯何事　荅犯衆多　問比丘手自得合不藥　荅被淨草得

問比丘有休道意以着俗服逐時向俗尊設跪拜之礼然還來投衆來伏常位爲應聽不

荅若先不捨戒者應聽　問比丘父母兄弟破落屬他而不贖贖有罪不　荅若行道不贖无罪

問若有人自稱言聖衆得然可不　荅不得然可　問若人持物施僧言施聖衆應得受不

荅不言得乘得分以衆通有道俗故　問行路遇水使人負犯何事　荅若不老病犯閡

問衆僧家安比丘得小小僕使不　荅小小取与得大事不得　問比丘養指杵押長犯何事　荅犯閡

問上坐未治下坐在前治有犯不　荅犯閡　問比丘器中忽有異物或鉢故不知誰許可取用發復

可棄不　荅与僧不得私用　問一住處多未來僧數有遺物或是袈裟衣永无取者可用不

荅与衆僧僧事一月或一歲後僧得用若後主來僧以物償若是遺財或是珍寶衆後不能

得償者勿用　問比丘知舊白衣來遠已得語上坐維那持僧食与不　荅僧先令得不令不

得　問比丘捨戒還俗後更出家前師故是師不　荅非　問賤檀請僧可呼師不　荅无此理不

從受法受法者盡不爲師　問可師得呼爲和上不得稱爲弟子不　荅不得正可鄭重如俗

中之尊

三自歸事第十三

問三自歸趣人得正復有不應受者　荅除五逆盡

得　問三自歸斯行何事　荅身口意不行邪事及不隨邪見師　問云何犯三歸　荅好隨邪見

說若不滿三故戒缺三歸　問戒人受自歸乃悔首命惡逆為理不答无此理　問三歸
正從一人受復得從三人各受一歸不答不得　問受三歸法要得終身復可一年半年十
日五日不答隨意多少　問若從師受一年半年自歸日滿後故是歸不答從一受盡終身
是師　問三自歸得但受三歸不答不得　問受三歸現在无師得遙從受不答不得
問先受三自歸犯而不悔得更受不答不得要當悔若欲更受當捨先所受若不捨更受
者不得

五戒事第十四　問不受三歸得受五戒不答不得　問若受三歸犯
而不悔得受五戒法不答不得　問受五戒法可得但受十日五日一年二年不答隨意多少
問犯五戒不悔得更受不答不捨不得更受不悔亦不得捨　問五戒盡得悔復有
不悔得者　答若殺人婬其所尊及比丘尼盜三尊財不償盡不得悔自餘得　問五戒
若不能持得中還不答得還欲若都還五戒者合三歸還言從今日佛非我尊我
非佛弟子如是至三返僧亦尒若還一二三四者但言我從今日不能復持某戒如是至三
不滿三戒猶戒缺　問五戒可從五師各受一戒不答不得　問五戒可但受一二三不
答隨意多少　問比丘犯重戒戒犯酒戒從受五戒為得戒不答得　問得從沙弥尼受
五戒不答得　問頗有白衣八戒白衣不答无　唯有八關齋法　十戒法第十五

BD01090　目連問戒律中五百輕重事

五戒不荅得　問頗有白八戒白衣不荅无　唯有八關齋法　十戒法第卒
問不受五戒得受十戒不荅若先受三自歸得以十戒中即有五戒亦可不須別
受　問犯五戒不悔得受十戒不荅不得若先不知知已悔受者得知而不悔不得
問若師犯重戒從受十戒得不　荅得　問沙弥犯十戒盡得悔不　荅同五戒
問沙弥懺須衆不　荅但向本師得了　問若現在无師向餘一比丘亦得　問沙弥亦
半月一說戒不荅无此理所以尒者沙弥不預僧人終以可說不須十五日集
問沙弥犯戒得還向沙弥悔不荅不得　問沙弥得着僧服不荅不得　問師有種々
違法事沙弥得捨去更求師未不荅得　問沙弥教師以白衣為師綜謂僧業竟
不捨戒戒逕年月還來投師故是沙弥不但悔而已須更受戒不荅故是沙弥但向師
懺悔本不捨戒不得更受重受亦不得戒　問沙弥為賊所抄逕歷年月或轉逕
至得逃走不荅轉逕至不得　問沙弥犯禁師擯已擯後得更出家不荅若不捨戒
故是沙弥可懺者但懺而已　問白衣從沙弥受五戒然後出家受大戒本師故是
沙弥得呼為師不荅但不得為礼沙弥應為作礼白衣時從彼受五戒後出
家亦尒　問白衣投一比丘出家比丘即受更為請和上為師所投比丘故是師非
荅非師若後從受法者為可受法師若依隨者可為依止師　問比丘受少年弟

[illegible]
堪苦便自思惟我宿何罪致如此覺便觀宿
……亦不教便作毒念瞋其本師念欲傷害會後其
便出水捉其船頭衆人即問汝是誰即答我是龍
……放汝使去問此比丘何豫汝事都不索餘人命
……我使我今受苦病是以棄之衆人事不得
……入水不須見提即投水死以此驗之度人不可
……昔有一比丘貪着一銅撓死後作餓鬼衆
……黑雲諸比丘驚怖此是何來衆中有得
……隨餓鬼中今故貪惜欲來棄之諸比丘
諸比丘還欲取之而鉢臭不可復近便人
為大患比丘貪着服乃有自燒之酷昔有
……国篤自知當死舉視衣内起毒想言我
還來纏衣衆僧舉死比丘出燒殺已訖
……不敢近之即還白僧具說所見諸比丘便
入四等觀觀盡所不中便往之近語言此本

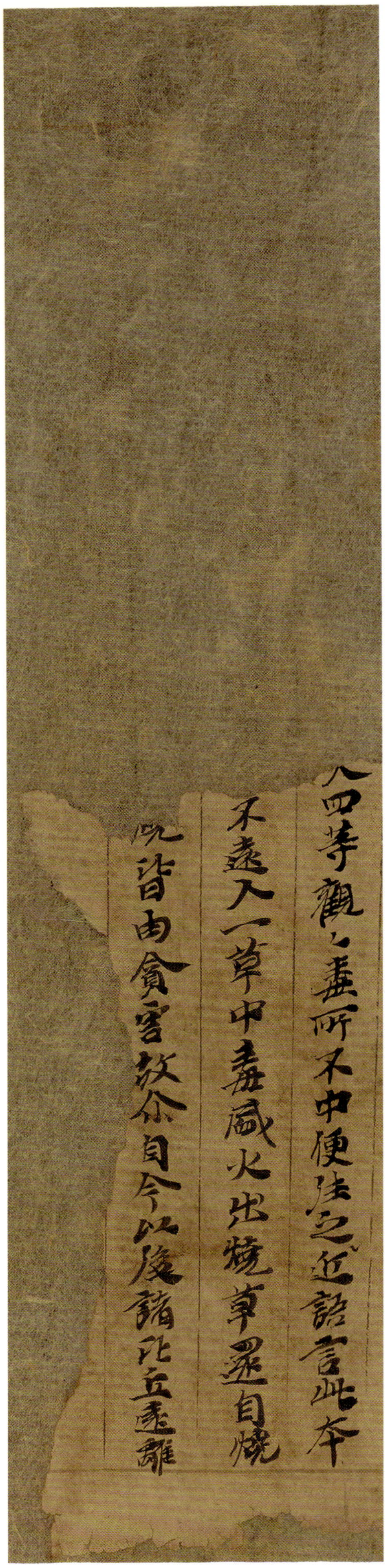
人四等觀々毒所不中便往之近語言此本
不遠入一草中毒氣火出燒草衆還自燒
死皆由貪害故尒自今以後諸比丘遠離

BD01090　目連問戒律中五百輕重事　（12–12）

BD01091 大般若波羅蜜多經卷五八一

（唐）玄奘 譯

BD01091v 勘記

721.5cm × 26.4cm

薩行布施時都无所捨時
若諸菩薩行布施時都无所
无上正等覺時為何所得佛言菩
於一切法都无所捨當證无上正等覺
一切法亦无所得如菩薩衆行布施
切法都无所有如是菩薩當證无上正等
覺時於一切法亦无所益有益二門相待立
故又滿慈子如諸菩薩行布施時知一切法
皆如幻化无實可捨如是菩薩當證无上正
等覺時知一切法亦如幻化无實可得若諸
菩薩行布施時於一切法實有所捨是諸菩
薩當證无上正等覺時應亦於法實有所得
然諸菩薩行布施時於一切法實无所捨是
故菩薩當證无上正等覺時於一切法實无

化美園山中二事俱非實有如是菩薩行布
施時捨如幻化非實有物當證无上正等覺
時得如幻化非實有法是諸菩薩如布施時
實无所捐當證无上正等覺時亦无實益是
諸菩薩行布施時雖似有捐而實无捐當證
无上正等覺時雖似有益而實无益如彼幻
師捨幻價直雖似有捐而實无捐如是菩薩
行布施時捨非實物雖似有捐而實无捐如
彼幻師得化美園雖似有益而實无益如是
菩薩當證无上正等覺時雖似有益而實无
益如是法喻因果相稱諸有智者應正了知
又滿慈子如巧幻師或彼苐子在四衢道化
作女人忽現懷孕尋見生子其子俄尒便復
命終於意云何彼女子生時有喜死有憂

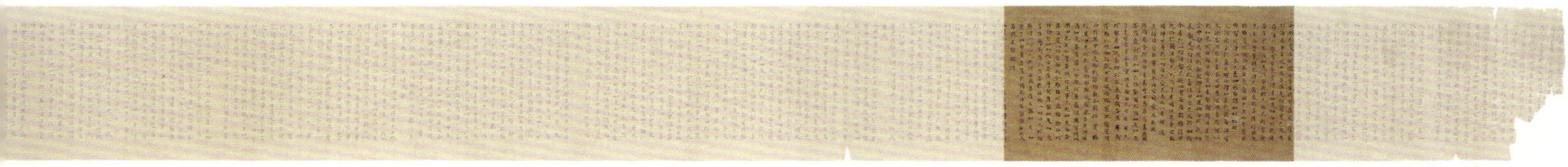

命終於意云何彼女子生時有喜死有憂
耶滿慈子言彼女及子俱是幻有實无死生
誰復於誰可生憂喜佛言如是如汝所說諸
菩薩衆亦復如是行布施時无捨无捐當證
无上正等覺時无得无益是故菩薩行布施
時雖有所捨而不生憂當證无上正等覺時
雖有所得而亦无喜知所捨得如幻化故
又滿慈子於意云何汝謂如來於諸善法有
大欲不滿慈子言不也世尊不也善逝何以
故如來所證諸法皆空如來能證諸法亦空
空中都无欲所欲故佛言如是如汝所說如
來觀見一切法空故善法中亦无大欲如我
今者於一切法都无欲心昔菩薩時雖行布
施而於諸法都无所捨了達諸法畢竟空故
諸佛世尊於一切法无愛无恚所以者何通

菩薩摩訶薩如如於法能有所捨如是如是
了達皆空虛妄不實性不堅固无自在用无
所報善如我解佛所說義者諸菩薩摩訶
薩雖以殑伽沙數世界盛滿珎寶施諸有情
而於其中作是念我能捨施尒時珎寶雖
於其中无所執著而布施波羅蜜多疾得圓
滿如是菩薩能以布施所集善根與有情共
迴向无上正等菩提作是事已起如是念菩
薩法應一切皆捨我今雖捨所應捨物而所
捨物皆如幻化若菩薩摩訶薩能如是知是
菩薩摩訶薩入薩菩數捨雖一切而无所捨
雖得一切而无所得若諸菩薩不能如是如
實了知非真菩薩於諸財法不能捨施於大
菩提不能證得

BD01091　大般若波羅蜜多經卷五八一

菩提不能證得

尒時舍利子問滿慈子言諸菩薩摩訶薩以
何等心應行布施滿慈子言唯舍利子先為
我等解說是義我於此義亦當少說時舍
利子便謂具壽滿慈子言若菩薩摩訶薩
欲證无上正等菩提是菩薩摩訶薩先應思惟
一切法性畢竟空寂次應思惟一切智智具勝
功德後應憶念一切有情貧乏珎財受諸苦
惱作是念已便捨一切若有執受若无執受
若內若外所有珎財施諸有情心无所著亦以
正法施諸有情亦以无邊上妙供具恭敬供
養佛法僧寶如是菩薩摩訶薩衆行布施時
緣一切智心无所著應行布施如是布施隨順
菩提疾能證得一切智智與諸有情作大
饒益

緣一切智具勝功德慈念有情而行布施心
无所著菩薩能如是脩行布施疾證无上正等
菩提與諸有情作大饒益又滿慈子汝今欲
見十方世界菩薩施不舍利子言唯然欲見
時舍利子及諸大衆承佛神力便見東方過
百世界大蘊如來應正等覺聲聞菩薩大衆
圍遶宣說布施波羅蜜多具勝功德能獲大
果彼有菩薩名曰无礙雖處居家而无所著
捨諸所有布施一切積珍寶聚其量如山隨
諸有情所須皆施勸有情類自受用已復轉
施他心无所疑如是行施无所染著晝夜精
勤常无猒倦如是積集衣服卧具飲食等
物量各如山隨諸有情所須施勸有情類
自受用已復轉施他心无所礙如是行施无所

BD01091　大般若波羅蜜多經卷五八一

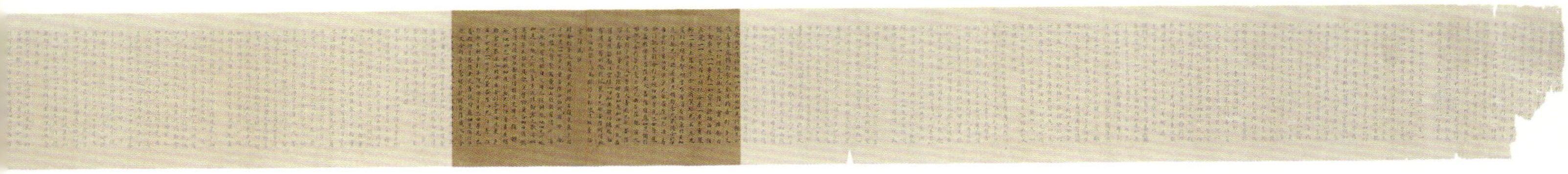

自受用已復轉施他心无所礙如是行施无所
染著晝夜精勤常无厭惓時舍利子及
諸大衆一切復見无礙菩薩七寶莊飾百
千金車是一一車載一女寶形貌端正種種
莊嚴一一女寶百女侍從各乘一車衆寶嚴
飾一一車上置百千金及諸資緣无不具足
置於市肆高聲唱言唯有須者隨意持去如
是行施无所染著晝夜精勤常无厭倦尒時佛
告舍利子言汝見東方无礙菩薩心无染著
而行施不時舍利子便白佛言見已世尊見
已善逝佛言菩薩求大菩薩皆應如是脩行
布施又舍利子於意云何无礙菩薩施廣大
不舍利子曰廣大世尊廣大善逝无礙菩薩
布施善根量无邊際佛言如是如汝所說若
有菩薩能觀法空緣一切知具勝功德慈念

亦復爲勝
時舍利子及諸大衆承佛神力復見東方百
千世界一一世界无量菩薩各捨所有布施
一切積珎寶聚其量如山隨諸有情所須
皆施觀有情類自受用已復轉施他心无所礙
如是行施无所染著晝夜精勤常无厭倦如
是積集衣服卧具飲食等物量各如山隨諸
有情所須皆施觀有情類自受用已復轉
施他心无所礙如是行施无所染著晝夜精
勤常无厭倦尒時佛告舍利子言汝見東方
百千世界一一世界无量菩薩心无染著而
行施不時舍利子便白佛言見已世尊見已
善逝佛言菩薩求大菩提皆應如是脩行布
施又舍利子於意云何彼諸菩薩廣大不舍

善逝佛言菩薩求大菩提者應如是修行布
施又舍利子於意何云彼諸菩薩廣大不舍
利子曰廣大世尊廣大善逝彼諸菩薩布施
善根量无邊際佛言如是如汝所説若有菩
薩能觀法空緣一切智具勝功德愍念有情
隨有所施於彼東方千世界一一世界无量
菩薩所獲施福百倍為勝千倍為勝乃至
鄔波尼煞曇倍亦復為勝
時舍利子及諸大衆承佛神力復見東方殑
伽沙等諸佛世界一一世界无量菩薩各捨所
有布施一切積珎寶聚其量如山隨諸有
情所須皆施勸有情類自受用已復轉施他
心无所礙如是行施无所染著晝夜精勤常
无厭倦如是積集衣服臥具飲食等物量
各如山隨諸有情所須皆施勸有情類自受用
已復轉[illegible]

見東方殑伽沙等諸佛世界一一世界无量
菩薩心无染著而行施不時舍利子便白佛
言見已世尊見已善逝佛言菩薩求大菩
提發應如是脩行布施又舍利子於意云何
彼諸菩薩施廣大不舍利子曰廣大世尊廣
大善逝彼諸菩薩布施善根量无邊際佛言
如是如汝所說若有菩薩能觀法空緣一切智
具勝功德懸念有情隨有所施於彼東方殑
伽沙等諸佛世界一一世界无量菩薩所獲
施福百倍為勝千倍為勝乃至鄔波尼煞曇
倍亦復為勝
時舍利子及諸大眾承佛神力復見東方如
十殑伽沙數世界一一世界无量菩薩各捨
所有布施一切積珎寶聚其量如山隨諸有
情所須皆施勸有情須自受用已復轉施他

十殑伽沙數世界一一世界无量菩薩各　稽
所有布施一切積珎寶聚其量如山隨諸有
情所須皆施勸有情類自受用已復轉施他
心无所寻如是行施无所染著晝夜精勤常
无猒倦如是積集衣服卧具飲食等物量各
如山隨諸有情所須皆施勸有情類自受用
已復轉施他心无所寻如是行施无所染著
晝夜精勤常无猒倦尒時佛告舍利子言
汝見東方如十殑伽沙數世界一一世界无量菩
薩心无染著而行施不時舍利子便白佛
言見已世尊見已善逝佛言菩薩求大菩提
皆應如是脩行布施又舍利子於意云何彼
諸菩薩施廣大不舍利子曰廣大世尊廣大
善逝彼諸菩薩布施善根量无邊際佛言
如是如汝所說若有菩薩能觀法空緣一切智
具緣一切智[illegible]有情[illegible]有所施[illegible]口

殑伽沙數世界一一世界无量菩薩行布
施福百倍為勝千倍為勝乃至鄔波尼煞曇
倍亦復為勝
時舍利子及諸大衆承佛神力復見東方如
百殑伽沙數世界一一世界无量菩薩各捨
所有布施一切珍寶聚其量如山隨諸有
情所須皆施觀有情類自受用已復轉施他
心无所悋如是行施无所染著晝夜精勤常
無猒倦如是積集衣服卧具飲食等物量各
如山隨諸有情所須皆施勸有情類自受用
已復轉施他心无所悋如是行施无所染著
晝夜精勤常无猒倦尒時佛告舍利子言汝
見東方如百殑伽沙數世界一一世界无量
菩薩心无染著而行施不時舍利子便白佛
言見已世尊見已善逝佛言菩薩求大菩提
皆應如是脩行布施又舍利子於意云何彼

說是已世尊見已善逝佛言菩薩求大菩提
皆應如是脩行布施又舍利子於意云何彼
諸菩薩施廣大不舍利子曰廣大世尊廣大
善逝彼諸菩薩布施善根量无邊際佛言如
是如汝所説若有菩薩能觀法空緣一切智
具勝功德慇念有情隨有所施於彼東方如
百殑伽沙數世界一一界无量菩薩所獲施
福百倍為勝千倍為勝乃至鄔波尼殺曇倍
亦復為勝
時舍利子及諸大衆承佛神力復見東方如
千殑伽沙數世界一一世界无量菩薩各捨
所有布施一切精珎寶聚其量如山隨諸有
情所須皆施觀有情類自受用已復轉施他
心无所礙如是行施无所染著晝夜精勤常
无㦤倦如是精集衣服卧具飲食等物量各

行輪布施八方所須如是行施无所染著
晝夜精勤常无猒倦尒時佛告舍利子言汝
見東方如千殑伽沙數世界一一世界无量菩
薩心无染著而行施不時舍利子便白佛
言見已世尊見已善逝佛言菩薩求大菩提
皆應如是脩行布施又舍利子於意云何彼
諸菩薩施廣大不舍利子曰廣大世尊廣
大善逝彼諸菩薩布施善根量无邊際佛言如
是如汝所說若有菩薩能觀法空緣一切智
具勝功德恩念有情隨有所施於彼東方如
千殑伽沙數世界一一世界无量菩薩所獲
施福百倍為勝千倍為勝乃至鄔波尼煞曇
倍亦復為勝
時舍利子又諸大衆承佛神力復見東方百
千殑伽沙數世界一一世界无量菩薩各捨
所有布施一切積珎寶聚其量如山隨諸有

BD01091　大般若波羅蜜多經卷五八一

所有布施一切精珎寶聚其量如山隨諸有
情所須皆施觀有情類自受用已復轉施他
心无所縱如是行施无所染著晝夜精勤常
无厭倦如是積集衣服卧具飲食等物量
各如山隨諸有情所須皆施勸有情類自受用
已復轉施他心无所縱如是行施无所染著
晝夜精勤常無厭倦尒時佛告舍利子言
汝見東方百千殑伽沙數世界一一世界无量
菩薩心无染著而行施不時舍利子便白佛
言見已世尊見已善逝佛言菩薩求大菩提
皆應如是脩行布施又舍利子於意云何彼
諸菩薩施廣大不舍利子曰廣大世尊廣大
善逝彼諸菩薩布施善根量无邊際佛言
如是如汝所說若有菩薩能觀法空緣一切

[illegible]量菩薩所持

施福百倍爲勝千倍爲勝乃至鄔波尼殺曇

倍亦爲勝

時舍利子及諸大衆承佛神力復見東方无

數殑伽沙數世界一一世界无量菩薩各捨

所有布施一切珍寶聚其量如山隨諸

有情所須皆施勸有情類自受用已復轉施

他心无所戀如是行施无所染著晝夜精勤常

无猒倦如是積集衣服卧具飲食等物量各

如山隨諸有情所須皆施勸有情類自受用

已復轉施他心无所戀如是行施无所染著晝

夜精勤常无猒倦介時佛告舍利子言

汝見東方无數殑伽沙數世界一一世界无量

菩薩心无染著而行施不時舍利子便白佛

言見已世尊見已善逝佛言菩薩未大菩

提皆應如是脩行有施又舍利子於意云何

言見已世尊見已善逝佛言菩薩来大菩
提皆應如是脩行布施又舍利子於意云何
彼諸菩薩施廣大不舍利子曰廣世尊廣
大善逝彼諸菩薩布施善根量无邊際佛言
如是如汝所說若有菩薩能觀法空緣一切智
具勝功德隨念有情隨有所施於東方无
數殑伽沙數世尊一一世界无量菩薩所獲
施福百倍為勝千倍為勝乃至鄔波尼煞
曇倍為亦復為勝
時舍利子及諸大衆承佛神力復見南方
百千世界如是乃至復見南方无數殑伽沙數
世界一一世界无量菩薩各捨所有布施一
切積珎寶聚其量如山隨諸有情所須皆施
勸有情類自受用已復轉施他心无所礙如
是行施无所悕著晝夜精勤常无厭倦如是

心无所礙如是行施无所染著晝夜精勤常
无歇倦尒時佛告舍利子言汝見南方百千
世界如是乃至无數殑伽沙數世界一一世界
无量菩薩心无染著而行施不時舍利子
便白佛言見已世尊見已善逝佛言菩薩求
大菩提皆應如是脩行布施又舍利子於意
云何彼諸菩薩施廣大不舍利子曰廣大世
尊廣大善逝彼諸菩薩布施善根量无邊
際佛言如是如汝所說若有菩薩能觀法空
緣一切智具勝功德隨念有情隨有所施於彼
南方百千世界如是乃至无數殑伽沙數世
界一一世界无量菩薩所種施福百倍為勝
千倍為勝乃至鄔波尼煞曇倍亦復為勝
時舍利子及諸大眾承神力復見西方百
千世界如是乃至復見西方无數殑伽沙數

時舍利子及諸天龍藥叉神衆復見西方百
千世界如是乃至復見西方无數殑伽沙數
世界一一世界无量菩薩各擔所有布施一
切積珎寶聚其量如山随諸有情所須皆
施勸有情類自受用已復轉施他心无所礙
如是行施无所深著晝夜精勤常无猒倦如是
精集衣服卧具飲食等物量各如山随諸有
情所須皆施勸有情類自受用已復轉施
他心无所礙如是行施无所深著晝夜精勤
常无猒倦尒時佛告舍利子言汝見西方百千
世界如是乃至无數殑伽沙數世界一一世
界无量菩薩心无深著而行施不時舍利子
便白佛言見已世尊見已善逝佛言菩薩求
大菩提皆應如是脩行布施又舍利子於意
云何彼諸菩薩施廣大不舍利子曰廣大世
[illegible]

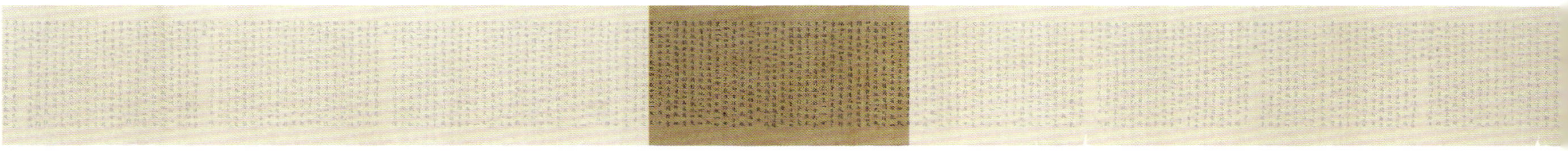

一切智具勝功德慈念有情隨有所施於彼
西方百千世界如是乃至无數殑伽沙數世
界一一世界无量菩薩所獲施福百倍為勝
千倍為勝乃至鄔波尼煞曇倍亦復為勝
時舍利子及諸大衆承佛神力復見北方百
千世界如是乃至復見北方无數殑伽沙數世
界一一世界无量菩薩各捨所有布施一切
情珎寶聚其量如山隨諸有情所須皆施
勸有情類自受用已復轉施他心无所戀如
是行施无量珎著晝夜精勤常无猒倦如是
積集衣服卧具飲食等物量各如山隨諸有
情所須皆施勸有情類自受用已復轉施他
心无所戀如是行施无所珎著晝夜精勤常
无猒倦尒時佛告舍利子言汝見北方百千
世界如是乃至无數殑伽沙數世界一一世界

无量脩爾時佛告舍利子言汝見北方百千
世界如是乃至无數殑伽沙數世界一一世界
无量菩薩心无深著而行施不時舍利子便
日佛言見已世尊見已善逝佛言菩薩來
大菩提皆應如是脩行布施又舍利子於意
云何彼諸菩薩施廣大不舍利子曰廣大世
尊大善逝彼諸菩薩布施善根量无邊際佛
言如是如汝所説若有菩薩能觀法實緣一
切智具勝功德慇念有情隨有所施於彼北
方百千世界如是乃至无數殑伽沙數世界一
一世界无量菩薩所獲施福百倍為勝千倍
為勝乃至鄔波尼煞曇倍亦復為勝
時舍利子及諸大衆承佛神力復見東南方
百千世界如是乃至復見東南方无數殑伽
沙數世界一一世界无量菩薩各捨所有布
施

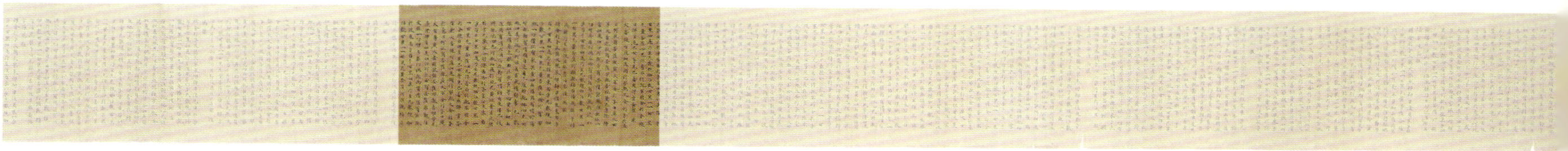

倦如是行施无所染著晝夜精勤常无猒
倦如是積集衣服卧具飲食等物量各如山
隨諸有情所須皆施勤有情類自受用已復
轉施他心无所戀如是行施无量染著晝夜精
勤常无猒倦尒時佛告舍利子言汝見東南
方百千世界如是乃至无數殑伽沙數世界一
一世界无量菩薩心无染著而行施不時舍
利子便白佛言見已世尊見已善逝佛言菩
薩衆大菩提皆應如是脩行布施又舍利子
於意云何彼諸菩薩施廣大不舍利子曰廣
大世尊廣大善逝彼諸菩薩布施善根量无
邊際佛言如是如汝所說若有菩薩能觀法
空緣一切智具勝功德愍念有情隨有所施
於彼東南方百千世界如是乃至无數殑伽
沙數世界一一世界无量菩薩所獲施福百

於彼東南方百千世界如是乃至无數殑伽
沙數世界一一世界无量菩薩所獲施福百
倍為勝千倍為勝乃至鄔波尼煞曇倍亦復
為勝
時舍利子及諸大衆承佛神力復見西南方
百千世界如是乃至復見西南方无數殑伽
沙數世界一一世界无量菩薩各捨所有布
施一切精珎寶聚其量如山隨諸有情所須
皆施勸有情類自受用已復轉施他心无所
礙如是行施无所悕著晝夜精勤常无猒惓
如是積集衣服卧具飲食等物量各如山隨
諸有情所須皆施勸有情類自受用已復轉
施他心无所礙如是行施无所悕著晝夜精
勤常无猒惓尒時佛告舍利子言汝見西南
方百千世界如是乃至无數殑伽沙殑世界

……世尊……善逝佛言
菩薩來大菩提皆應如是脩行布施又舍利
子於意云何彼諸菩薩施廣大不舍利子日
廣大世尊廣大善逝彼諸菩薩布施善根
量无邊際佛言如是如汝所說若有菩薩能
觀法空緣一切智具勝功德隨念有情隨有
所施於彼西南方百千世界如是乃至无數殑
伽沙數世界一一世界无量菩薩所獲施福百
倍為勝千倍為勝乃至鄔波尼煞曇倍亦復
為勝
時舍利子及諸大衆承佛神力復見西北方
百千世界如是乃至復見西北方无數殑伽沙
數世界一一世界无量菩薩各捨所有布施
一切精珎寶聚其量如山隨諸有情所須
皆施觀有情類自受用已復轉施他心无所
慳如是行施无所染著盡施精勤常无厭倦

皆施觀有情類自受用已復轉施他心无所
縱如是行施无所染著晝夜精勤常无厭倦
如是積集衣服卧具飲食等物量各如山隨
諸有情所須皆施勸有情類自受用已轉復
施他心无所縱如是行施无所染著晝夜精
勤常无厭倦尒時佛告舍利子言汝見西北
方百千世界如是乃至无數殑伽沙數世界
一一世界无量菩薩心无染著而行施不時
舍利子便白佛言見已世尊見已善逝佛言
菩薩求大菩提皆應如是脩行布施又舍利
子於意云何彼諸菩薩施廣大不舍利子曰
廣大世尊廣大善逝彼諸菩薩布施善根
量无邊際佛言如是如汝所説若有菩薩能觀
法空緣一切智具勝功德隨念有情随有所
施於彼西北方百千世界如是乃至无數殑

亦復為勝
時舍利子及諸大衆承佛神力復見東北方
百千世界如是乃至復有東北方无數殑伽
沙數世界一一世界无量菩薩各捨所有布
施一切積珍寶聚其量如山隨諸有情所須
皆施勸有情類自受用已復轉施他心无所
悋如是行施无所染著晝夜精勤常无猒倦
如是積集衣服卧具飲食等物量各如山隨
諸有情所須皆施勸有情類自受用已復轉
施他心无所悋如是行施无所染著晝夜精
勤常无猒倦尒時佛告舍利子言汝見東方
方百千世界如是乃至无數殑伽沙數世界一
一世界无量菩薩心无染著而行施不時舍
利子便白佛言見已世尊見已善逝佛言
菩薩求大菩提皆應如是脩行布施又舍利

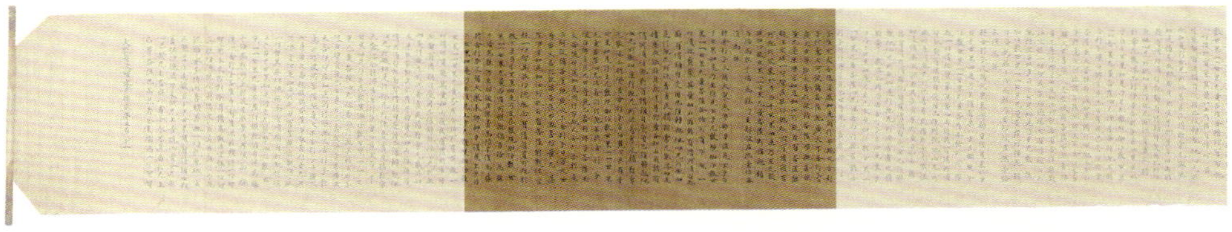

菩薩求大菩提皆應如是脩行布施又舍利
子於意云何彼諸菩薩施廣大不舍利子言
廣大世尊廣大善逝彼諸菩薩布施善根
量无邊際佛言如是如汝所説若有菩薩能
觀法空緣一切智具勝功德慈念有情隨有
所施於彼東北方百千世界如是乃至无數
殑伽沙數世界一一世界无量菩薩所攝施福
百倍為勝千倍為勝乃至鄔波尼殺曇倍亦
復為勝
時舍利子及諸大衆承佛神力復見下方百
千世界如是乃至復見下方无數殑伽沙數世
界一一世界无量菩薩各捨所有布施一
切積珍寶聚其量如山隨諸有情所須皆施
勸有情類自受用已復轉施他心无所悕如
是行施无所染著晝夜精勤常无猒倦如是

[illegible]
心无所礙如是行施无所染着晝夜精勤常
无厭倦尒時佛告舍利子言汝見下方百千
世界如是乃至无數殑伽沙數世界一一世
界无量菩薩心无染着而行施不時舍利子
便白佛言見已世尊見已善逝佛言菩薩求
大菩提皆應如是脩行布施又舍利子於意
云何彼諸菩薩施廣大不舍利子曰廣大世
尊廣大善逝彼諸菩薩布施善根量无邊
際佛言如是如汝所說若有菩薩能觀法空
緣一切智具勝功德悲念有情隨有所施於
彼下方百千世界如是乃至无數殑伽沙數世
界一一世界无量菩薩所獲施福百倍為勝
千倍為勝乃至鄔波尼煞曇倍亦復為勝
時舍利子及諸大衆承佛神力復見上方百
千世界如是乃至復見上方无數殑伽沙數

時舍利子及諸大衆承佛神力復見上方百
千世界如是乃至復見上方无數殑伽沙數
世界一一世界无量菩薩各捨所有布施一
切積珍寶聚其量如山隨諸有情所須皆
施勸有情類自受用已復轉施他心无所礙
如是行施无所染著晝夜精勤常无猒倦如
是集衣服卧具飲食等物量各如山隨諸有
情所須皆施勸有情類自受用已復轉施他
心无所礙如是行施无所染著晝夜精勤常
无猒倦尒時佛告舍利子言汝見上百 千
世界如是乃至无數殑伽沙數世界一一世
界无量菩薩心无染著而行施不時舍利子
便白佛言見已世尊見已善逝佛言菩薩求
大菩提皆應如是循行布施又舍利子於
意云何彼諸菩薩施廣大不舍利子日廣大

[illegible]化[illegible]女[illegible]如前所說若有菩薩能觀法空緣
一切智具勝功德慈念有情隨有所施於彼
上方百千世界如是乃至無數殑伽沙數世
界一一世界无量菩薩所獲施福百倍為勝
千倍為勝乃至鄔波尼煞曇倍亦復為勝
復次舍利子菩薩摩訶薩欲疾證得一切智
智窮未來際利樂有情應觀法空緣一切智
具勝功德慈念有情受貧匱苦應行布施
彼羅蜜多持此善根普施一切脫惡趣生
无衆苦作是願言十方世界諸有情類由我
善根功德威力未發无上菩提心者令速發
心已發无上菩提心者令永不退若於无上
正等菩提已不退者令速圓滿一切智智

大般若波羅蜜多經卷第五百八十一

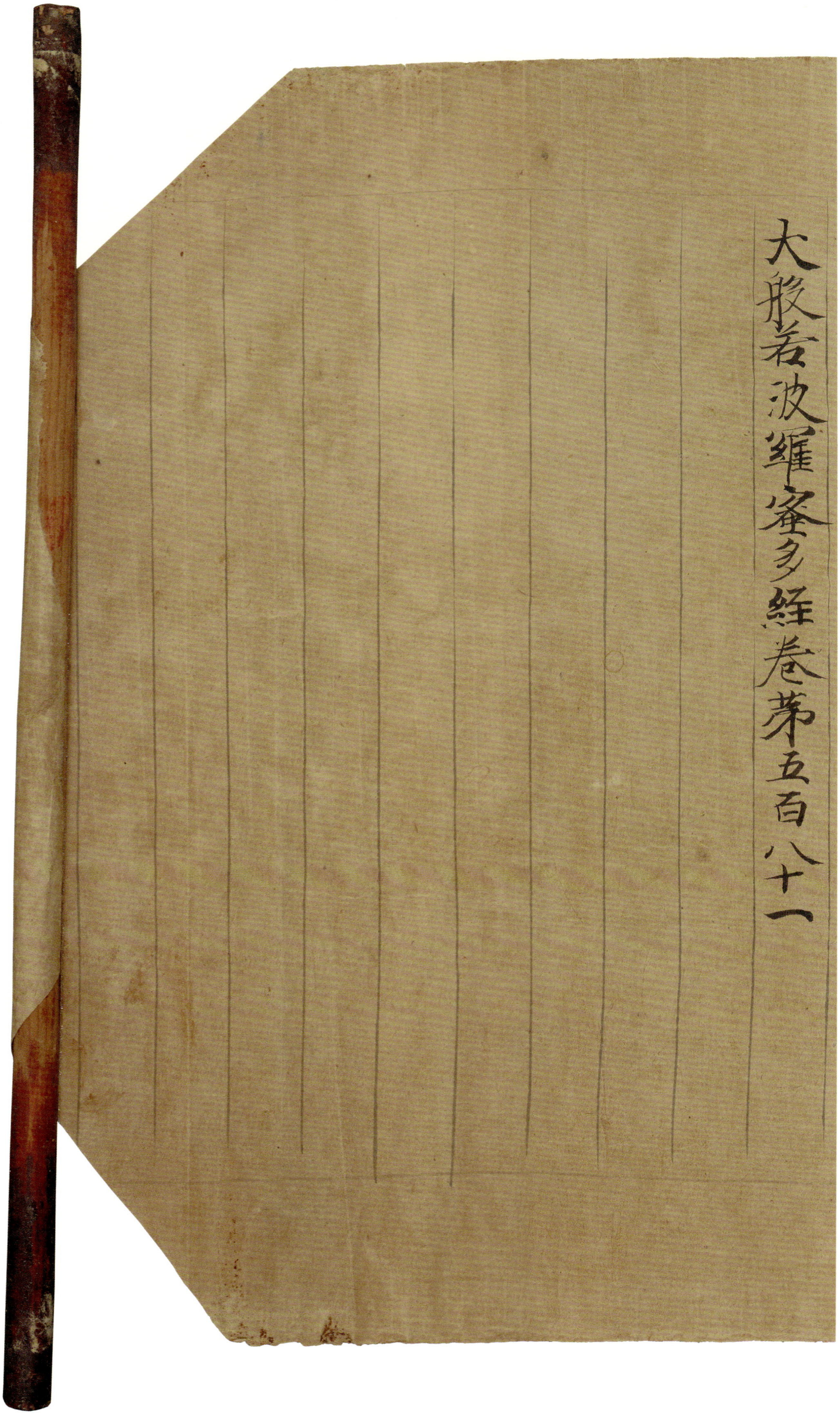
大般若波羅蜜多經卷苐五百八十一

五百八十一

BD01091v　勘記

圖書在版編目（CIP）數據

中國國家圖書館藏敦煌文獻．第七三册／中國國家圖書館編．—北京：國家圖書館出版社，2024.12
ISBN 978-7-5013-7995-8

Ⅰ．①中… Ⅱ．①中… Ⅲ．①敦煌學－文獻 Ⅳ．①K870.6

中國國家版本館 CIP 數據核字（2024）第 036786 號

書　　名　中國國家圖書館藏敦煌文獻・第七三册
著　　者　中國國家圖書館　編
項目統籌　魏　崇　殷夢霞
責任編輯　黄　鑫　程魯潔　潘　竹　苗文葉
責任校對　劉　倩

出版發行　國家圖書館出版社（北京市西城區文津街 7 號　100034）
（原書目文獻出版社　北京圖書館出版社）
010-66114536　63802249　nlcpress@nlc.cn（郵購）
網　　址　http://www.nlcpress.com
排版印裝　天津裕同印刷有限公司
版次印次　2024 年 12 月第 1 版　2024 年 12 月第 1 次印刷

開　　本　787×1092　1/8
印　　張　38.5
書　　號　ISBN 978-7-5013-7995-8
定　　價　2800.00 圓